『十三五』国家重点出版物出版规划项目

……意+』传统产业融合发展研究系列丛书

……彦 主编

“文化创意+”服饰业融合发展

顾林 著

全国百佳图书出版单位

知识产权出版社

图书在版编目（CIP）数据

“文化创意 +”服饰业融合发展 / 顾林著 . -- 北京：知识产权出版社，2019.9

（“文化创意 +”传统产业融合发展研究系列丛书 / 牛宏宝，耿秀彦主编 . 第一辑）

ISBN 978-7-5130-6362-3

Ⅰ . ①文… Ⅱ . ①顾… Ⅲ . ①服装工业—产业发展—研究—中国 Ⅳ . ① F426.86

中国版本图书馆 CIP 数据核字（2019）第 140656 号

内容提要

对于服饰业而言，文化创意可以提升产品内涵、增加产品价值、拓展市场疆域、打破行业壁垒。本书从基础概念、历史借鉴、灵感源泉、构成因素、创意训练、行业发展和案例解读等几个层面入手，探讨文化创意如何为服饰业的发展注入新鲜活力以及如何助力服装品牌文化内涵与商业价值的提升。

责任编辑：李石华　　　　**责任印制：**刘译文

“文化创意 +”传统产业融合发展研究系列丛书（第一辑）

牛宏宝　耿秀彦　主编

“文化创意 +”服饰业融合发展

“WENHUA CHUANGYI+” FUSHIYE RONGHE FAZHAN

顾　林　著

出版发行：	知识产权出版社有限责任公司	网　　址：	http：//www.ipph.cn
电　　话：	010—82004826		http：//www.laichushu.com
社　　址：	北京市海淀区气象路50号院	邮　　编：	100081
责编电话：	010-82000860转8072	责编邮箱：	lishihua@cnipr.com
发行电话：	010-82000860转8101	发行传真：	010-82000893
印　　刷：	三河市国英印务有限公司	经　　销：	各大网上书店、新华书店及相关书店
开　　本：	720mm × 1000mm　1/16	印　　张：	14
版　　次：	2019年9月第1版	印　　次：	2019年9月第1次印刷
字　　数：	210千字	定　　价：	68.00元

ISBN 978-7-5130-6362-3

出版权专有　侵权必究

如有印装质量问题，本社负责调换。

序言

未来的竞争，不仅仅是文化、科技和自主创新能力的竞争，更将是哲学意识和审美能力的竞争。文化创意产业作为“美学经济”，作为国家经济环节中的重要一环，其未来走势备受关注。

党的十八大提出“美丽中国”建设。党的十九大报告提出“推动新型工业化、信息化、城镇化、农业现代化同步发展”“推动中华优秀传统文化创造性转化、创新性发展”“不忘本来、吸收外来、面向未来、更好构筑中国精神、中国价值、中国力量，为人民提供精神指引”。毋庸置疑，未来，提高“国家内涵与颜值”，文化创意产业责无旁贷。

2014 年 1 月 22 日，国务院总理李克强主持召开国务院常务会议部署推进文化创意和设计服务与相关产业融合发展。会议指出，文化创意和设计服务具有高知识性、高增值性和低消耗、低污染等特征。依靠创新，推进文化创意和设计服务等新型、高端服务业发展，促进与相关产业深度融合，是调整经济结构的重要内容，有利于改善产品和服务品质、满足群众多样化需求，也可以催生新业态、带动就业、推动产业转型升级。之后，“跨界”“融合”就成了我国国民经济发展，推动传统产业转型升级的热词。但是，如何使文化更好地发挥引擎作用？文化如何才能够跨领域、跨行业地同生产、生活、生态有机衔接？如何才能引领第一产业、第二产业、第三产业转型升级？这些都成了我国经济结构调整关键期的重要且迫在眉睫的研究课题。

开展"'文化创意+'传统产业融合发展研究"，首先要以大文化观、大产业观梳理出我国十几年来文化创意产业发展中存在的问题，再以问题为导向，找到问题的症结，给出解决问题的思路和办法。

我国发展文化创意产业至今已有十几个年头，十几年来，文化创意产业的发展虽然取得了非常显著的成就，但也存在一些发展中的困难和前进中的问题，制约了文化创意产业的更大、更好发展。习近平总书记的"美丽中国""文化自信""核心价值观"以及"培育新型文化业态和文化消费模式"的提出，无不体现党和国家对文化、文化产业以及文化创意产业的高度重视。2017年8月，北京市提出"把北京打造成全国文化创意产业引领区，打造成全国公共文化服务体系示范区"的发展思路，建设全国文化中心。这可以说再一次隆重地拉开了文化创意产业大发展的序幕，同时也为全国的城市发展和产业转型升级释放出发展的信号，指明了一个清晰的发展方向——建设文化引领下的城市与发展文化引领下的产业。

现在，到了认真回顾发展历程与展望未来的一个重要时间节点。当前，我们应该沉下心来，冷静思考，回顾过去、展望未来。回顾过去是为了总结经验，发现不足，梳理思路，少走弯路，找出问题的症结；展望未来会使我们更有信心。回顾过去的十几年，大致可分为五个阶段。

第一阶段：798阶段。自2002年2月，美国罗伯特租下了798的120平方米的回民食堂，改造成前店后公司的模样。罗伯特是做中国艺术网站的，一些经常与他交往的人也先后看中了这里宽敞的空间和低廉的租金，纷纷租下一些厂房作为工作室或展示空间，798艺术家群体的"雪球"就这样滚了起来。由于部分厂房属于典型的现代主义包豪斯风格，整个厂区规划有序，建筑风格独特，吸引了许多艺术家前来工作、定居，慢慢形成了今天的798艺术区。

2007年，随着党的十七大“文化大发展、大繁荣”战略目标的提出，全国各地的文化创意产业项目开始跃跃欲试，纷纷上马。

在这个阶段，人们一旦提起文化创意产业就会想起798艺术区；提起什么才是好的文化创意产业项目，人们也会认为798艺术区是个很好的范例。于是，全国各地负责文化产业的党政干部、企事业相关人员纷纷组成考察团到798艺术区参观、学习、考察，一一效仿，纷纷利用闲置的厂区、空置的车间、仓库引进艺术家，开始发展各自的文化创意产业。然而，几年下来，很多省市的“类798艺术区”不但产业发展效果不明显，有的甚至连艺术家也没有了。总之，大同小异，存活下来的很少。总体来说，这个阶段的优点是工业遗存得到了保护；缺点是盈利模式单一，产业发展效果不尽人意。

第二阶段：动漫游戏阶段。这个阶段涵盖时间最长，基本上可以涵盖2005—2013年，覆盖面最广，范围最大，造成一些负面影响。在这个阶段，文化创意产业领域又出现了一种普遍现象，人们一旦提起文化创意产业就一定会提到动漫游戏；一旦问到如何才能很好地发展文化创意产业，大多数人都认为打造文化创意产业项目就是打造动漫产业项目。于是，全国各省市纷纷举办“国际动漫节”，争先恐后建设动漫产业园，好像谁不建动漫产业园谁就不懂得发展文化创意产业，谁不建动漫产业园谁就跟不上时代的步伐。建设动漫产业园之势可谓是浩浩荡荡、势不可当。浙江建，江苏也建；河北建，河南也建；广东建，广西也建；山东建，山西也建。一时间，全国各省市恨不得都做同样的事，也就是人们都在做同样的生意，因此形成了严重的同质化竞争。几年下来，全国建了一批又一批动漫产业园，大多数动漫产业园基本上又是一个模式、大同小异：很多房地产开发商纷纷打着文化的牌子，利用国家政策，借助政策的支持，跑马圈地。其结果是不但动漫产业没发展起来，甚至是连个像样的产品都没有，结果导致很多动漫产业园又成了一个个空城。归纳一下，这个阶段的优点是游戏得到了很好的发展，尤其是网络游戏；缺点是动漫产业发展不尽人意，动漫产业园更是现状惨淡，可谓是一塌糊涂。

第三阶段：文艺演出、影视阶段。随着文化创意产业发展的不断深入，我国文化创意产业又开始进入文艺演出热阶段，在这个阶段一旦提起文化创意产业，人们又开始认为是文艺演出、文艺节目下乡、文艺演出出国、文艺演出走出去等，可谓是你方唱罢我登场，热闹非凡。在这个阶段，人们都又开始把目光投到文艺演出上，具体表现在传统旅游景点都要搞一台大型的文艺演出、各省市借助传统民俗节庆名义大搞文艺演出活动，甚至不惜花费巨资。2010 年 1 月，随着《国务院办公厅关于促进电影产业繁荣发展的指导意见》的出台，我国又开始掀起电影电视产业发展新高潮。有一项调查表明：2009 年、2010 年、2011 年连续三年每年都拍 1000 多部影视剧，但是其中 20% 盈利、30% 持平、50% 赔钱，这还不包括那些没有被批准上映的影视剧。在全国各省市轰轰烈烈开拍各种各样题材的影视片的同时，一些对国家政策较为敏感的企业，尤其是房地产企业，也把目标瞄向了影视产业，开始建立影视产业园，于是影视产业园如雨后春笋般地出现在全国各省市。其形式同动漫产业园基本类同，不外乎利用政策的支持，变相跑马圈地。这个阶段的优点是文艺演出、影视得到了相应的发展；缺点是大多数影视产业园名不副实。

第四阶段：无所适从阶段。2013 年，经过前几个阶段后，可以说是直接把文化创意产业推入了一个尴尬的境地，其结果是导致文化创意产业直接进入第四个阶段。可以说，几乎是全国各地各级管理部门、各企事业单位、甚至是整个市场都进入了一个无所适从阶段。在这个阶段，人们认为什么都是文化创意产业，什么都得跟文化、创意挂钩，恨不得每个人都想从文化创意产业支持政策中分得一杯羹。总之，在这个阶段，政府犹豫了，不知道该引进什么项目了；企业犹豫了，不知道该向哪个方向投资了；更多的人想参与到文化创意产业中来，又不知道什么是文化、什么是创意、什么是文化创意产业，真可谓是全国上下无所适从。

第五阶段：跨界·融合阶段。2014 年 2 月 26 日，《国务院关于推进文化创意和设计服务与相关产业融合发展的若干意见》

的发布，真正把我国文化创意产业引向了一个正确的发展方向，真正把我国文化创意产业发展引入了一个正确发展轨道——跨界·融合的发展之路。如何跨界、如何融合？跨界就是指让文化通过创造性的想法，跨领域、跨行业与人们的生产、生活、生态有机衔接。融合就是让文化创意同第一产业、第二产业、第三产业有机、有序、有效融合发展。可以这么说，2014 年是我国文化创意产业发展的一个新的里程碑，也是一个分水岭，对我国文化创意产业的良性发展产生了积极的促进作用。

回顾过去五个阶段，我们深深意识到，中国经济进入发展新阶段处在产业转型期，如何平稳转型落地、解决经济运行中的突出问题是改革的重点。现在，虽然经济从高速增长转为中高速增长，但是进入经济发展新常态，必须增加有效供给。文化产业、文化创意产业作为融合精神与物质、横跨实物与服务的新兴产业，推动供给侧结构性改革责无旁贷。

在经济新常态下，文化的产业化发展也进入了一个新常态，在产业发展新常态下，文化产业的发展也逐步趋于理性，文化、文化产业、文化创意产业的本质也逐渐清晰。随之而来的是文化产业的边界被逐渐打破，不再有局限，范围被逐渐升级和放大。因此，促使文化加快了跨领域、跨行业和第一产业、第二产业、第三产业有机、有序、有效融合发展的步伐。

在产业互联互通的背景下，文化创意产业并不局限于文化产业内部的跨界融合，而正在和农业、工业、科技、金融、数字内容产业、城乡规划、城市规划、建筑设计、国际贸易等传统行业跨界融合。文化资源的供应链、文化生产的价值链、文化服务的品牌链，推动了文化生产力的高速成长。

在产业大融合的背景下，文化创意产业以其强大的精神属性渐趋与其他产业融合，产业之间的跨界融合将能更好地满足人们日益增长的个性化需求。打通文化创意产业的上下游链条，提升企业市场化、产业化、集约化程度，是有效推动我国经济结构调整，产业结构转型升级的必然选择。

基于此，我们整合了来自政府部门、高等院校、科研机构、领军行业等的相关领导、学者、专家在内的百余人的研究团队，就“‘文化创意+’传统产业融合发展”进行了为期三年的调查研究和论证，形成了一个较为完善的研究框架。调研期间，我们组成26个课题组，以问题为导向，有的放矢地针对国内外各大传统产业及相关行业进行实地调研，深入了解“文化创意+”在传统产业发展中的定位、作用、重点发展领域以及相关项目。在调研成果基础上,我们从“农业”“电力工业”“旅游业”“金融业”“健康业”“广告业”“会展业”“服饰业”“动漫游戏”“生态环境产业”“产城融合”“国际贸易”等26个角度，全方位剖析“文化创意+”与传统产业融合发展的路径与模式，力图厘清“文化创意+”与传统产业融合发展的当下与未来，找到我国经济结构调整、传统产业转型升级的重要突破口。

同时，在每个子课题内容上，从案例解析、专家对话与行业报告等多个层面进行叙述，研究根植于“文化创意+”传统产业融合发展的实践过程，研究结果也将反作用于“文化创意+”传统产业融合发展的实践，从提出问题入手，全面分析问题，对趋势进行研判。研究成果将能够为文化建设、文化产业转型升级、传统产业可持续发展的实际提供借鉴，最终探索出“文化创意+”与传统产业融合发展的现实路径。

截至今日，已完成系列丛书的第一辑，共12分册，即《“文化创意+”农业融合发展》《“文化创意+”电力工业融合发展》《“文化创意+”旅游业融合发展》《“文化创意+”健康业融合发展》《“文化创意+”金融业融合发展》《“文化创意+”服饰业融合发展》《“文化创意+”动漫游戏融合发展》《“文化创意+”广告业融合发展》《“文化创意+”会展业融合发展》《“文化创意+”产城融合发展》《“文化创意+”生态环境产业融合发展》《“文化创意+”国际贸易融合发展》。其余的课题，将会陆续完成。

本套丛书紧紧围绕如何服务于党和国家工作大局，如何使文化产生更高生产力，如何使文化发挥引擎作用，引领第一产业、第二产业、第三产业转型升级展开，以问题为导向，本着去繁就简的原则，从文化创意产业的本质问题和26个相关行业融合发展两方面展开。

第一方面以大文化观、大产业观深刻剖析文化创意产业的本质。2016年3月，此课题被列入“十三五”国家重点出版物出版规划项目后，我们随即组织专家学者，重新对文化创意产业的本质问题就以下几个核心方面进行了系统梳理。

1. 文化创意产业的相关概念与定义

文化是人类社会历史发展过程中所创造的物质财富及精神财富的总和。是国家的符号，是民族的灵魂，是国家和民族的哲学思想，是城市与产业发展的引擎，更是供给侧的源头。

创意是指原创之意、首创之意。是智慧，是能量，是文化发展的放大器，是文化产业发展的灵魂，是传统产业转型升级的强心剂，更是新时代生产、生活、生态文明发展的核心生产力。

产业是指行业集群。是国家的支柱，是命脉，是人们赖以生存的根本，更是文化发展、国家经济结构调整的关键所在。

文化创意产业是把文化转化为更高生产力的行业集群。是文化产业与第一产业、第二产业、第三产业的整体升级和放大，是新时代最高级别的产业形态。

2. 我国发展文化创意产业的意义

文化创意产业项目的规模和水平，体现了一个国家的核心竞争力，我国发展文化创意产业，对于调整优化我国产业结构，提高我国经济运行质量；传承我国优质文化，弘扬民族先进文化；丰富人民群众文化生活，提升人民群众文化品位，增强广大民众的历史使命感与社会责任感；培育新型文化业态和文化消费模式，引领一种全新而美好的品质生活方式；提升国家整体形象，提升我国在国际上的话语权，增强我国综合竞争力，促进传统产业的转型升级与可持续发展都具有重大战略意义。

3. 我国发展文化创意产业的目的

我国发展文化创意产业的目的是使原有的文化产业更具智

慧，更具内涵，更具魅力，更具生命力，更具国际竞争力，更能顺应时代发展需要；能够使文化发挥引擎作用，激活传统产业，引领其转型升级。

我国发展文化创意产业，从宏观上讲，是赶超世界先进发达国家水平，提升国家整体形象；从微观上讲，是缓解我国产业转型升级压力，弥补城市精神缺失，解决大城市病的问题；从主观上讲，是丰富人民群众文化生活，提升人民群众文化品位，使人民群众充分享受文化红利，缩小城乡居民待遇差距；从客观上讲，是全国人民自愿地接受新时代发展需要的产城融合，配合文化体制、城乡统筹一体化的改革。

总之，我国发展文化创意产业的最终目的是，把文化转化为更高生产力；把我国丰富、优质而正确的文化内容通过创造性的想法融入产品、产业发展的审美之中，融入人们的生产、生活、生态的审美之中，然后按照市场经济的规律，把它传播、植入、渗透到世界各地。

4. 文化创意产业的经济属性、原则和规律

文化创意产业，说到底还是经济行为，既然是经济行为，就应该有经济属性，文化创意产业的经济属性是美学经济，因为文化创意产业的所有板块均涉及如何将丰富的文化内容创造性地融入其产品的审美之中。

美学经济是文化创意产业发展的规律和原则，也就是说原有产业由于美之文化的介入，会增加内涵、提升魅力并形成正确而强大的精神指引，以此促使产业链的无限延伸与裂变。文化创意产业所指的“美”是需要设计者、创作者等能够充分了解美的一般规律和原则，并遵循这个规律和原则。既然是规律就要遵循、既然是原则就不可违背，所以说文化创意产品必须是美的，不但表现形式美，更要内容美，也就是说一个好的文化创意产品必须是从内到外都是美的，因为美就是生产力。

5. 文化创意的产品特点、产业特征、产业特性

产品特点：原创性，具有丰富、优质、正确、正能量的文化

内涵，有一定的艺术欣赏价值和精神体验价值，低成本、高附加值，可以产生衍生品且其衍生品可大量复制、大规模生产，有一条完整的产业链。

产业特征：以文化为本源，以科技为后盾，以艺术体验为诉求，以市场为导向，以产业发展为出发点，以产业可持续发展为落脚点，以创意成果为核心价值，以美学经济为发展原则。对资源占用少，对环境污染小，对经济贡献大。

产业特性：以文化为价值链的基础，进行产业链的延伸与扩展，文化通过创意与相关产业融合使其产业链无限延伸并形成生物性裂变，从而使文化创意产业形成几何式增长。

第二方面了解文化创意与传统产业融合发展的方向、方式和方法。关于这方面内容，在各个分册中有详细阐述。

总之，我国文化创意产业的兴起，标志着生活艺术化、艺术生活化，产业文化化、文化产业化，产业城市化、城市产业化，文化城市化、城市文化化时期的到来；意味着文史哲应用化时期的开始；预示着一种全新而美好的品质消费时代的降临。基于此，在这样一个全新的历史时期，文化创意产业应如何发展？文化创意应如何引领传统产业转型升级？文化创意产业重点项目应如何打造？又如何把它合理规划并形成可持续发展产业？是我国经济发展的迫切需要；是直接关系到能否实现我国经济结构调整、传统产业转型升级并跨越式发展的需要；是我们如何顺应时代潮流，由“文化大国”向“文化强国”迈进的重大战略的需要；是我们有效践行“道路自信、理论自信、制度自信、文化自信”的需要。

在我国经济结构调整、传统产业转型升级的关键时期，要发展我国文化创意产业，就必须加快推进文化创意与传统优质产业融合发展的国际化进程，在生产方式和商业模式上与国际接轨；必须做到理论先行，尽快了解文化创意产业的本质，确立适合自身发展的商业模式；必须尽快提高文化创意产业项目的原创能力、管理水平、产业规模和国际竞争力，在国内与国际两个市场互动中，逐步向产业链上游迈进；在产业布局上，与国际、国内其他文化创意产业项目避免同质竞争，依托我国深厚而多元的文化优势、强大而充满活力的内需市场加之党和国家的高度重视、大力支持以及社会各界的积极参与。可以预见，一定会涌现出越来越多的属于我国自身的、优秀的独立品牌；必将会形成对我国经济结构调整、传统产业转型升级的巨大推动效应；必将会成为国际、国内一流的战略性新兴产业集聚效应的成功典范；也必将成为国际关注的焦点。

本套丛书的出版，将是新时代理论研究的一项破冰之举，是实现文化大发展、经济大融合、产业大联动、成果大共享的文化复兴的创新与实践。当然，一项伟大的工程还需要一个伟大的开端，更需要有一群敢为天下先的有志之士。纵观中国历史上的文化与产业复兴，没有先秦诸子百家争鸣，就没有两汉农业文明的灿烂；没有魏晋思想自由解放，就没有唐明经济的繁荣；没有宋明理学深刻思辨，就没有康乾盛世的生机盎然。基于此，才有了我们敢于破冰的勇气。

由于本人才疏学浅，其中不乏存在这样或那样的问题，还望各位同人多提宝贵意见和建议；希望能够得到更多有志之士的关注与支持；更希望"'文化创意+'传统产业融合发展研究"这项研究成果，能够成为我国经济结构调整、产业结构转型升级最为实际的理论支撑与决策依据，能够成为行业较为实用的指导手册，为实现我国经济增长方式转变找到突破口。

最后，我谨代表"十三五"国家重点出版物出版规划项目"'文化创意+'传统产业融合发展研究系列丛书"课题组全体成员、本套丛书的主编向支持这项工作的领导、同人以及丛书责任编辑的辛勤付出表示衷心感谢！由衷地感谢支持我们这项工作的每一位朋友。

是为序！

耿秀彦

2019年3月

前言

服饰是人类文化的重要载体，人们穿着服饰，不仅仅是为了满足物质的需要，还是为了满足精神的需求。现代考古学在发掘史前人类遗迹时，经常会发现各类材质的装饰品，可见服饰很早就脱离单纯的蔽体功能，而承载起相应的文化功能。

在服饰的发展过程中，关于文化的种种创意其意义不言而喻。特别是今时今日，文化创意对于中国服饰业的发展融合具有举足轻重的作用，它主要体现在经济层面：我国多数服装企业之间的竞争还停留在成本价格层面，产品销售还是以批发流通为主。造成这一局面的原因，主要是服装产业长期以来一直被视为制造业的一个低附加的劳动密集分支，在规模经济思路的引导下，加工能力受到高度重视，而设计能力等创意要素被异化成款式、面料等技术问题，投入远远不能满足产业发展的需要。参照欧美国家服装业发展的成功经验，在高度分工的现代产业体系下，服装设计各环节的技术研究和设计开发都在专业化的基础上进行产业化升级，在这个过程中，文化创意的作用尤为重要，它为这个过程注入新鲜的活力与更高的附加值。

在汉语中，“文化”一词的历史非常悠久。《易经》贲卦中就有“文明以止，人文也。观乎天文，以察时变，观乎人文，以化成天下”。表示文化概念的英文词汇“culture”，用古罗马法学家西塞罗的话来说，“culture”意指“第二自然”。由此也可以看出，“culture”源自自然，又区别于自然，人化自然或自然的人化均可被视作为“culture”。

从创意的内涵和外延上看，其具有自主性、新颖性和有用性。从某种层面上来讲，人类穿衣的历史同时也是一部对服饰进行文化创意思维的历史。

本书从服饰业文化创意的发展融合角度入手，厘清相关概念，对古今中外运用于服饰业的文化创意经典案例进行梳理，分析总结对服饰业进行文化创意的方法，从行业的高度对服饰业文化创意的重要作用进行考察，探讨对服饰业进行文化创意的发展融合路径。

本书从基础概念、历史借鉴、灵感源泉、构成因素、创意训练、行业发展和案例解读等几个层面入手，共分为六章。

第一章为文化创意与服饰业发展现状，首先对“文化”“创意”与“文化产业”三个基础概念进行界定，接着对服装设计与创意的要素进行梳理，最后就文化创意对服装行业的影响与意义进行阐述。

第二章为改变服饰业面貌的服装设计师，首先引出“服装设计创意的灵魂”导向设计师的概念，包括服装设计师的诞生、设计师与导向设计师两部分内容；再以六位导向设计师为例，从改变服装面貌、重新定义女性形象、重塑服饰概念三种风格入手，对创意思维对设计师的塑造意义进行阐述。

第三章为服饰史上的文化创意思维，分别从中国古代服饰史上的文化创意思维、西方近代服饰史上的文化创意思维、现代服饰史上的文化创意思维三个层面入手，对历史上与今天那些具有代表性的服饰创意思维进行分析。

第四章为服饰文化创意的灵感源泉，以具体的案例分别从“美与生活”“思潮涌动”“民族与世界”“创意与宣传”四个不同的维度对服饰文化创意的灵感源泉进行梳理。

第五章为服饰文化创意的构成因素，通过数个鲜活的案例对服饰文化创意的人本思想、设计理念、艺术思维、技术支持、跨界趋向五个重要的构成要素进行阐述。

第六章为服饰文化创意的形成研究，列举了跨界设计师顾林、高级定制设计师郭培和优秀服装企业玛丝菲尔三个具体案例，分别从跨界、高级定制领域、企业文化三个角度入手，深入分析与探讨服装行业中文化创意的多种形式。

因时间、精力、作者的学识所限，本书难免会有遗漏与不足之处，还望读者谅解并不吝赐教。

目录

第一章 文化创意与服饰业发展现状

本章对文化创意与服饰业发展现状进行了分析，

对“文化”“创意”与“文化产业”三个基础概念进行界定，

对服装设计与创意的四个要素

——构思、面料、裁剪和科技进行梳理，

并从文化创意对服装行业影响与意义的四个方面进行论述。

第一节　相关概念

一、关于文化

按照联合国教科文组织当前的定义，文化是指某一社会或社会群体所具有的一整套独特的精神、物质、智力和情感特征，除了艺术和文学以外，它还包括生活方式、聚居方式、价值体系、传统和信仰。

在汉语中，“文化”一词的历史非常悠久。《易经》贲卦中就有“文明以止，人文也。观乎天文，以察时变，观乎人文，以化成天下”。“文化”一词最早完整出现在西汉刘歆的《说苑·指武》中，“凡武之兴，为不服也，文化不改，然后加诛”。类似的例子还有汉代荀悦“宣文教以张其化，立武备以秉其威”，南朝梁昭明太子萧统“言以文化辑和于内，用武德加于外远”，南齐王融“设神理以景俗，敷文化以柔远”等。但是，在这些例子中，“文化”的含义是用“文”去“化”人，即与“武化”相对的文治教化。

表示文化概念的英文词汇“culture”，据唐·库比特考证，源自拉丁文的动词colo、colere、colui、cultum等词。在拉丁文中，这些词的意思是“to till the ground，to tend and care for”。这些含义概括起来就是，通过人工劳作，将自然界的野生动植物加以驯化和培养，使之成为符合人类需要的品种。因此，唐·库比特认为，从一开始，“culture”就意指被（人所）熟识（Familiarized）、驯化和培育过的世界的镜像。用古罗马法学家西塞罗的话来说，“culture”意指“第二自然”。由此也可以看出，“culture”源自自然，又区别于自然，人化自然或自然的人化均可被视作为“culture”。后来，在西方人对“culture”一词实际使用中，它的含义不断扩展，以至于“culture”后来的含义不仅包括土地的“cultivation”（耕作）即农业，也包括各种各样的家室中植物的栽培，宠物的驯化，个人技能、人格、品德和心灵的“修炼”功夫，以及人际间关系和友谊的培养（在西方人的心目中这些活动被人们理解为“low culture”），以及艺术、科学以及“cult”即对诸神祇的关注、照料、供奉和膜拜（这些活动在西方人的眼中被视为“high culture”）。这样，在西方人的使用中，“culture”就从原来的人对自然本身的照管、驯化，逐渐引申为对人自身本能状态的教化、培养和“修身”的功夫和活动，以及对人与人之间的关系的培养和照料活动。[①] 根据雷蒙·威廉斯的研究，在18世纪到19世纪初期，“culture”的含义在人的训练过程这一引申义的基础上进一步延伸，这时他的第一个意思是“心灵的普遍状态或习惯”，与人类追求完美的思想观念有密切关系；第二个意思是“整个社会里知识发展的普遍状态”；第三个意思是“各种艺术的普遍状态”；第四个意思是“文化是一种物质、知识与精神构成的整个生活方式”。[②] 1871年，泰勒在《原始文化》一书中首先提出了人类学意义上的文化定义，即：“文化或文明，就其广泛的民族学意义来讲，是一个复合的整体，包括知识、信仰、艺术、道德、法律、风俗以及作为社会成员的人所习得的其他一切能力和习惯。”在最近的100余年中，随着人类社会的巨大变革，对于文化概念的歧义和不同理解非但没有减少，反而越来越多。据美

① 韦森．文化与秩序［M］．上海：上海人民出版社，2003：8-10.

② 雷蒙·威廉斯．文化与社会［M］．高晓玲，译．北京：北京大学出版社，1991：18-19.

国文化人类学家 A·克罗伯和 C·克拉克洪在《文化：一个概念定义的考评》一书中统计，由人类学家、社会学家、心理学家、哲学家、政治学家等对文化一词下的定义已经达到 6 大类 160 多种之多。[①②]总体来说，现代意义上的文化概念存在广义和狭义两个范畴，广义的文化指人类在社会历史发展过程中所创造的物质财富和精神财富的总和；狭义的文化则特指精神财富，如文学、艺术、教育、科学等。

马克思正生活在文化概念逐渐走向现代化的时代。他在著作中虽未给文化下专门定义，但他对“文化”的具体使用表明，他主张文化是人类劳动创造的，是区别于自然事物的文化事物，文化是以劳动和人化为基础的。马克思文化概念的内涵可以说是通过劳动改造自然的人的本质的对象化，包括物质文化、精神文化、制度文化等因素，属于广义的文化概念。[③]

随着晚清时西方对中国冲击的逐步深入，“文化”一词逐渐出现在新的语境里。据黄兴涛考证，中国人颜永京于 1882 年出版的《肄业要览》、美国传教士丁韪良于 1883 年出版的《西学考略》中，已经在现代意义上多次使用了“文化”一词。甲午战争后，受日本影响，现代意义上的“文化”一词开始频繁出现于报刊、上呈皇帝御览的变法专论、奏折及各种著作之中。之后经过新文化运动的洗礼，文化的现代内涵基本上得到了普及。[④]

联合国教科文组织将文化周期划分为 5 个阶段[⑤]，分别是：

（1）创造阶段。产生并创作想法和内容（如雕刻家、作家、设计公司）以及非重复性产品（如手工艺品、美术作品）的制作。

（2）生产阶段。可重复生产的文化形式（如电视节目），以及实现重复生产所需的专业工具、基础设施和流程（如乐器生产、报纸印刷）。

（3）传播阶段。让消费者和展览者接触到批量生产的文化产品（如批发、零售或出租音乐唱片及电脑游戏，发行电影）。通过数字化传播手段，有些产品或服务可以直接由创作者传递给消费者。

① 王筑生，杨慧．人类学的文化概念与人类学理论的发展［J］．广西民族学院学报（哲学社会科学版），1998（4）：25–32.

② 郭莲．文化的定义与综述［J］．中共中央党校学报，2002，6（1）：115–118.

③ 王仲士．马克思的文化概念［J］．清华大学学报（哲学社会科学版），1997（12）：20–26.

④ 黄兴涛．晚清民初现代“文明”和“文化”概念的形成及其历史实践［J］．近代史研究，2006（6）：1–34.

⑤ 参见联合国教科文组织《世界文化多样性宣言》。

（4）展览、接受、传递阶段。指消费场所，以及通过授权或售票的方式向观众提供直播的和/或是直接的文化体验，让其消费、参与按时间付费的文化活动（如组织并举办节日庆典歌剧院、剧场、博物馆）。传递是指传递那些不涉及商业交易且通常产生于非正式场合的知识和技能，这其中包括非物质文化遗产的世代相传。

（5）消费、参与阶段。指消费者和参与者消费文化产品、参与文化活动和体验的活动（如阅读、跳舞、参加狂欢节、听收音机、参观画廊）。

对于有的文化活动而言，其流程可以将文化周期的任何一个阶段作为起点，而且有的阶段还可以合并或者不存在。例如，文化遗产的创造就可以说是发生在过去，大多数跟它相关的活动都发生在“展览/传递”与“消费/参与”阶段。

文化周期同样存在空间维度。有的活动可能是集中发生在一个地方、区域或国家，而有的相关联的活动却可能发生在世界不同的地方。这种关联的确切性必须通过实证研究才能获得，且对文化业的管理和利益增进（经济的和社会的）都有重要的意义。迁移同样也是文化空间维度的重要组成部分，它是指人们通过移民的方式脱离了他们本来的文化环境。全球化加剧了这种迁移，同时也加剧了迁移带来的文化同化、冲突和异域感问题。

二、关于创意

《现代汉语词典》对“创意”的解释是：“有创造性的想法、构思等。”[1] 其实，创意和文化一样，是一个历史悠久的汉语词汇。《论衡·超奇》：“孔子得史记以作《春秋》，及其立义创意，褒贬赏诛，不复因史记者，眇思自出于胸中也。”《晋书·杜预传》：“周庙欹器，至汉东京犹在御坐。汉末丧乱，不复存，形制遂绝。预创意造成，奏上之，帝甚嘉叹焉。”《北史·耿询传》：“询创意造浑天仪，不假人力，以水转之，施于暗室中，使智宝

① 中国社会科学院语言研究所词典编辑室.现代汉语词典(第7版)[M].北京：商务印书馆，2017.

外候天时，动合符契。”《宣和画谱》谓李公麟“创意处如吴生，潇洒处如王维”，翟院深“摹效李成画则可以乱真，至自为，多不能创意”，宋迪“好作山水，或因览物得意，或因写物创意，而运思高妙”。

对现代意义上的创意概念，有四种观点。第一类观点从动态的角度将创意理解成创意思维。崔中义主编的《创意学》中没有明确定义创意，仅对创意思维给出了定义，认为创意思维就是创造性思维。第二类观点分别从静态和动态角度定义创意。余明阳和陈先红认为，静态的创意是指创造性的意念、巧妙的构思，即常说的“好点子、好主意”，动态的创意是指创造性思维活动。赵明华则提出，静态的创意是指创意性的意念、巧妙的构思；动态的创意是指创意性的思维活动。第三类观点从思维及其成果和方式三个方面对创意进行定义。陈初友和王国英提出，创意是人们行为中产生的思想、点子、立意、想象等新的思维成果，是一种创造新事物或新形象的思维方式，其本质是一种辩证思维。第四类观点从文化、个体和产业角度给创意下定义。贺寿昌提出，理论形态的创意有三种含义，分别为宏观、个体和应用创意。宏观创意泛指一切可视的创作现象，这不仅包括文学艺术，而且可以概括包括日常生活在内的整个人的生活方式，即人的文化存在的样式。宏观创意的内在含义即文化；个体创意是指个人的情感、灵感、直觉、想象、才情、智慧等在创意作品中的自由倾泻。个体创意的内在含义是审美；应用创意是指创意的目的不限于个人欣赏品鉴，而是与产业的目的相联系，是使创意走向产业，实现产业化。应用创意的内在含义是产业。①

上述观点从不同角度和层面揭示了创意的内涵和外延。第一，创意具有自主性。创意的过程往往伴随着某种可以大幅提高人类独立思考和实现自我价值的复杂心理情绪，是一个自我实现的过程。第二，创意具有新颖性。新颖性是创意最基本的本质属性。新颖分为两种情况：一是他人没有想到或提出的主意，二是在不知道他人已经想到或提出的情况下自己独立想出

① 丁钢，梁劲，惠红．创意内涵研究［J］．重庆理工大学学报（社会科学），2010（24）：77-80.

来的主意。第三，创意具有有用性。其一，创意为社会或个人增添了新知识、新的更好的方法或新形象。用这种创意能够解决未曾解决的问题，带来新益处；或能够提供更有效率的解决问题的方法，增加原有的益处。其二，有用性既可以是现实的有用性，也可以是潜在的有用性。其三，有用性既可以是对社会的有用性，也可以是对个体的有用性。第四，创意具有可行性。创意在当前条件下应当是可行的，能够解决当前的特定问题，实现特定目标。创意应当是相对完整的问题解决方案，或构成完整的解决方案的有机组成部分，而不是一个无法实施的主意或想法。第五，创意具有系统性。创意是创意主体想象力、判断力、语言能力、推理能力等不同思维能力组合运用的成果。创意的准备、酝酿、启发和生成等环节，也必须按照一定的逻辑路径进行。

创意与创新的区别与联系。创新作为一个经济学概念，是由奥地利经济学家熊彼得于20世纪初首先提出的。他认为，创新是生产要素的重新组合，就是要把一种从来没有的关于生产要素和生产条件的“新组合”引进生产体系中去，以实现对生产要素或生产条件的“新组合”，创新有五种具体形式：一是产品创新；二是工艺创新；三是市场创新；四是原材料创新；五是组织创新。20世纪80年代，德鲁克提出，创新一是要改变资源的产出，二是要通过改变产品和服务为客户提供价值和满意度。

创意和创新具有较为类似甚至是相同之处。首先，从主体上讲，不论是创意还是创新，两种劳动的主要组织者和承载者都始终离不开人类，都与人脑的创造性思维密不可分。其次，从来源上讲，两者都是建立在一定的知识、技能和经验基础之上。离开了专业知识的积累，缺少了创造技能的支持，远离了生活实践的积累，创意或是创新就成了无源之水，无本之木。然后，从成果上讲，二者带有不确定性。由于产品的设计者或研发人员的创造性工作往往需要打破常规和反复实验，这就必然导致成果在问世之前，能否实现价值，能否被受众认可，都是未知数。

创意与创新的区别之处。首先，创意侧重于思维过程及其成果，具有较强的艺术性，创新则强调将包括思维在内的各类要素的创造性组合，是一种技术性较强的更加具体的劳动；其次，创新往往具有系统性，会产生全局性影响，创意则既可能发生于全局层面，也可能仅发生于局部层面；然后，创意往往通向创新，而创新较少引发创意。

创意的实现过程。格林较早对创意的实现过程进行研究，他提出了“5I”理论。在资讯（Information）阶段，创意者通过对已有信息模式的怀疑和否定，生成创意源；在酝酿（Incubation）阶段，创意者通过对资料的搜集和整理，试图打破常规，产生新图式；在启发（Illumination）阶段，创意者通过系统思维，将新图式与市场、文化、审美和社会认知等方面相结合，初步呈现出新组合形态；在整合（Integration）阶段，创意经过前期量能的积累后，在时间、环境和灵感相关因素的促成下，瞬间实现质变；在应用（Illustration）阶段，创意者需要将创意设计、服务、版权等有形或无形的产品推向市场，最终实现创意价值。这 5 个阶段是循环的过程，创意的应用又有可能对新的一种创意产生提供基础和来源。霍金斯提出了“RIDER”序列，即创意要经历回顾（Review）、孵化（Incubation）、梦想（Dream）、兴奋（Excitement）以及现实检测（Reality Checks）5 个阶段。契克森米哈认为创意是一个复杂的系统，创意过程主要由三个辅助系统来支撑，一个是创意所涉及的领域，一个是创意领域的转化条件，一个是创意人才，他强调创意人才是整个创意系统的核心，该群体通过运用专业知识、专业技能以及对创意条件的合理利用以保障创意系统的稳定运行，最终达到创意价值永续的理想状态。邢华在针对创意产业的价值生成与升级环节的研究中发现，网状的价值系统和线性的价值链是创意价值实现的两种主流模式。刘友金、赵瑞霞等提出创意价值链（Creative Value Chain，CVC）的概念，认为从创意源的产生到创意成果化是一个复杂的网络化过程，由诸如政府、企业、高校、文化服务机构等相关创意主体相互链接而成。同时将创意价值的生成细化为创意源、构思、设计、实验、市场化以及产业化六大过程。厉无畏从资本要素、价值链和价值实现体系三个层面构建了创意价值系统。刘捷萍认为创意企业的首要目标是让创意产品、服务来满足消费者的需求，这个过程包括内容创意、生产制造、营销推广以及售后服务多个环节。①

三、关于文化产业

20 世纪以来，人们对文化在经济和社会领域的作用所持的看法已经发生了巨大变化，文化与经济发展之间的重要联系也得到更加广泛的认可。越来越多的人不但把文化看作是推动和维持经济增长的方式，还把它看作是经济发展的成果。文化的经济属性越来越突出，由此衍生出的文化产业也日益受到各国的关注。但是，世界各国对文化产业的表达各异，如美国从文化产品知识产权保护角度出发称之为版权产业，日本从文化产品的精神属性出发称之为内容产业。

目前在我国经常出现的表述是“文化产业”和“文化创意产业”。如根据国家统计局制定的《文化及相关产业分类（2018）》，“文化及相关产业”是指为社会公众提供文化产品和文化相关产品的生产活动的集合，范围包括：以文化为核心内容，为实现文化产品的生产活动所需的文化辅助生产和中介服务、文化装备生产和文化消费终端生产（包括制造和销售）等活动。根据北京市地方标准《文化创意及相关产业分类》，文化创意及相关产业是指以创作、创造、创新为根本手段，以文化内容和创意成果为核心价值，以知识产权实现或消费为交易特征，为社会公众提供文化体验的具有内在联系的产业集群。

“文化产业”（Culture Industry）最早由瓦尔特·本雅明于 1926 年提出。西奥多·阿多诺与马克斯·霍克海默在《启蒙的辩证法》中指出，文化产业（又译“文化工业”）是指艺术创作转

① 林剑．创意的基本内涵及其延伸研究述评［J］．开发研究，2015，179（4）：67-70.

变为大量复制的文化生产，而经由传播媒介的技术化和商品化推动的主要面向大众消费的文化生产。约翰·费斯克在《理解大众文化》中，提出了“两种经济”的理论：一是“金融经济”，一是“文化经济”，并强调文化经济注重的是使用价值，流通的是意义和快感。20 世纪 80 年代以来，文化产业定义不再强调文化产业的意识形态功能和政治功能，而是更多地注重其经济功能及生产方式上的特征。如尼古拉斯·迦纳姆认为，“文化产业指那些使用同类生产和组织规模如工业化的大企业的社会机构，这些机构生产和传播文化产品和文化服务。”又如贾斯廷·奥康纳认为，文化产业是指以经营符号性商品为主的那些活动，这些商品的基本经济价值源自于它们的文化价值。它包括我们称之为“传统的”文化产业和“传统艺术”直接满足人们的精神需要而进行的创作、制造、传播、展示等文化产品（包括货物和服务）的生产活动。具体包括新闻信息服务、内容创作生产、创意设计服务、文化传播渠道、文化投资运营和文化娱乐休闲服务等活动。[①] 文化产业区别于其他产业关键在于创造性和精神性（即创意），所以“创意”一直被认为是文化产业的核心属性。

把“创意产业”（Creative Industries，也译作“创造性产业”）作为一个明确概念提出来的，是布莱尔领导下的英国政府。1997 年，英国专门设立文化、媒体和体育部（DCMS），内设创意产业工作组（Creative Industries Task Force），积极出台政策推动创意产业发展。1998 年和 2001 年，英国文体部两次发表创意产业纲领文件（Creative Industries Mapping Document），提出英国创意产业发展战略，将创意产业界定为“源自个人创意、技巧及才华，通过知识产权的开发和运用，具有创造财富和就业潜力的行业”。鼓励创意产业发展的政策包括：加强组织管理、人才培养、资金支持等方面的机制建设，全面支持文化产品的研发、制作、经销、出口等，逐步建立完整的创意产业财政扶持系统，包括以奖励投资、成立风险基金、提供贷款及区域财务论坛。2005 年，英国文体部发布《创意经济方案》（*The Creative Economy Program*），为

① 陈博宇 . 文化创意产业基本概念辨析［J］. 福建教育学院学报，2013（4）：42–45.

创意产业的发展提供了一个更好的政策框架。2006 年又公布《英国创意产业比较分析》，将创意产业分类为 3 个产业集群，即：生产性行业、服务性行业、艺术工艺行业，具体包括出版、电视和广播、电影和录像、电玩、时尚设计、软件和计算机服务、设计、音乐、广告、建筑、表演艺术、艺术和古玩、工艺等子行业。

经过多年努力，创意产业在英国已成为与金融服务业相媲美的支柱性产业，英国也成为仅次于美国的世界第二大创意产品生产国。据 2016 年 11 月英国文体部公布的最新数据（*Creative Industries Economic Estimate-January* 2016），2014 年创意产业产值为 841 亿英镑。1997—2014 年，创意产业的 GVA 年均增长 6%，高于英国经济年均 4.3% 的增长水平。1997 年创意产业 GVA 只占英国 GVA 的 3.9%，2014 年增长值 5.2%。[①]

"创意产业"的出现有其自身的背景、语境和现实必然性。在经济领域，20 世纪 90 年代，欧美发达国家完成工业化，开始向服务业、高附加值的制造业转变；国家对自由竞争的鼓励，刺激了文化产业中最核心的部分、也是附加值最高的部分——创意的发展。在思想领域，经过始于 20 世纪 60 年代的大规模社会运动涤荡，亚文化等各类社会思潮风起云涌，社会文化更加多元和包容，社会环境也非常有利于个人发挥创意。在这一社会历史条件下兴起的创意产业，是文化产业发展的又一次飞跃。特里·弗鲁将创意产业看成是"全球经济市场上以设计和内容为竞争优势基础的一切部门的中心和日趋重要的注入元素"，力图将创意放在新经济、高科技网络发展、传统工业设计、文化产业、艺术或媒体行业交错融会的发展态势下描述，抓住了创意产业与原有文化产业的重要区别。

创意产业的根本观念是通过"越界"促成不同行业、不同领域的重组与合作。创意产业一方面是在过去总体的文化产业基础上发展起来的产业概念，另一方面又是不同于过去文化产业的新的产业形态。创意产业往往是在制造业充分发展，服务业不断壮大基础上形成的，是第二、第三产业融合发展的结果。创意产业

① 英国创意产业调研［EB/OL］.（2012-01-18）［2019-02-25］.http://www.mofcom.gov.cn/aarticle/subject/ chanyejishu/other/201201/20120107932842.html.

的发展靠创意阶层，靠创意群体的高文化、高技术、高管理和新经济的“杂交”优势，特别是创意阶层中最富创造性的高端创意人才。

创意产业的发展更加动态化，它是市场经济运行的高端方式，既依靠市场和消费自身的推动，又不断地设计市场，策划市场，涵养市场，激发市场。在全球化消费时代，市场的全球性，传播的全球性，需求的精神化、心理化、个性化、独特化，消费的时尚化、浪潮化，使得创意作为产业，从根本上改变了过去常规结构、常规模式、常规营销、常规消费的工业发展模式，代之以不断变动的创意策划、创意设计、创意营销、创意消费。①

创意产业与文化创意产业内涵和外延方面都很相近。首先，文化创意产业活动会在生产过程中运用某种形式的“创意”；其次，文化创意产业活动被视为与象征意义的产生与沟通有关；再次，文化创意产业的产品至少有可能是某种形式的“知识产权”。由此可以看出，文化创意产业是将抽象的文化直接转化为具有高度经济价值的产业，即将知识的原创性与变化性融入具有丰富内涵的文化中，使之与经济相结合，发挥产业的功能。②

中国内地的文化创意产业伴随20世纪80年代的改革开放产生，发展壮大于建立社会主义市场经济体制和推进第三产业发展的90年代。2000年，中共十五届五中全会将文化产业正式列入国民经济和社会发展战略的重要组成部分，产业政策从无到有、不断完善，目前已初成体系。特别是中共十八大以来，随着“文化+”的不断深入，产业间边界日趋模糊，文化产业正深入融合到国民经济的大循环中，成为新常态下促进经济转型升级的新动力。我国文化产业政策已经由追求文化产业的数量增长转变为提高文化产业发展的质量和效益，努力推动文化产业成为国民经济支柱性产业。文化产业融合发展的需求使得我国文化政策的部门联动趋势愈加明显，综合型政策在我国文化产业政策体系中的比重越来越大。据不完全统计，从2012—2017年重点的78项文化政策制定主体来看，除了文化部制定的15项政策之外，其他部

① 金元浦．当代世界创意产业的概念及其特征［J］．电影艺术，2006（3）：4–10.

② 陈博宇．文化创意产业基本概念辨析［J］．福建教育学院学报，2013（4）：42–45.

门单独出台较少，而由国务院及各部委联合发布的政策则达到 63 项，政策内容涉及文化消费、知识产权建设、数字创意产业、市场监管、对外文化贸易、文化法律法规等各个领域，呈现出较强的综合性特点与部门合作发展特点。

当前中国服装产业的特点。一是集群化发展。以长江三角洲、珠江三角洲、环渤海三大经济圈为辐射中心，在服装主产区广东省、浙江省、江苏省、山东省、福建省等地，其产品占据了全国 80% 以上的市场份额，并围绕着专业市场、出口优势、龙头企业形成了众多以生产某类产品为主的区域产业集群。二是企业品牌和产品品牌普遍不强。据不完全统计，我国市场上的服装品牌超过 10 万，这些品牌中，只有一部分被消费者认可和接受，在国内市场上享有一定知名度。知名的设计师品牌更是寥若晨星。多数服装企业之间的竞争还停留在成本价格层面，产品销售还是以批发流通为主。[①] 造成这一局面的原因，主要是服装产业长期以来一直被视为制造业的一个低附加值的劳动密集分支，在规模经济思路的引导下，加工能力受到高度重视，而设计能力等创意要素被异化成款式、面料等技术问题，投入远远不能满足产业发展的需要。参照欧美服装大国的成功经验，在高度分工的现代产业体系下，服装设计已经从服装加工的一个具体环节发展为服装产业的子行业，服装设计各环节的技术研究和设计开发都在专业化的基础上进行产业化，成为独立于服装制造企业的各具专业的设计机构，进而推动服装设计产业的规模化。

截至 2016 年，我国城市化水平由 2000 年的 36.2% 提高至 57.4%，城市人口由 2000 年的 4.59 亿增加到 7.93 亿；城镇单位就业人员平均工资也由 2000 年的 9333 元增长至 67569 元。[②] 快速发展的城市化进程，带动了巨大的服装商品需求。特别是收入的增加，极大地推动了服装消费从日用品消费向品牌消费、时尚消费、个性消费转变。消费升级必将重新塑造服装产业，未来的服装市场将不仅仅局限于区域、品种、档次的进一步细分，更将根据产

① 凌继尧，张晓刚 . 论中国服装产业的设计创意与创新［J］. 创意与设计，2014（1）：8–16.

② 中华人民共和国国家统计局 .2017 中国统计年鉴［M］. 北京：中国统计出版社，2017.

品风格进行差异化细分，有创意的服装设计一定会大有作为。

以波司登公司为例，1994 年波司登总裁高德康提出“以设计为先导，以设计师为导向”的品牌设计战略，设计师全程参与产品设计生产过程：市场调研与分析——产品设计工程师制版——工艺师打样——审美效果审定的全过程——生产及市场意见反馈处理。其后该公司通过 3 次大的设计创新，持续引领羽绒服消费潮流，奠定了行业龙头地位。第一次是产品设计形态审美变革。在 1995 年提出“轻、薄、美”的“减肥革命”新概念，改变羽绒服臃肿、不透气、色彩单调的原有面貌，使羽绒服向休闲化、时尚化、运动化趋势发展，实现消费者既要“温度”又要“风度”的美好愿望。第二次是产品设计环保意识变革。在 2001 年提出“绿色环保型”羽绒服新概念，采用环保面料 TTU 做内隔层，具有隔色、透气、吸热、防水的特点，在羽绒的加工处理上提高其抑菌、抗菌能力，减少羽绒异味，满足消费者对绿色健康的追求。第三次是产品设计健康观念变革。在先期大量投入的基础上，于 2005 年推出具有“三拒”（拒水、拒油、拒污）、抗菌功能的波司登、雪中飞纳米·抗菌羽绒服，实现羽绒服行业新一轮品质升级。由此可见，创意与创新使之完成了品牌的升级。

第二节　服装设计与创意

服饰是人类文化的重要载体，人们穿着服饰，不仅仅是为了满足物质的需要，更是为了满足某种精神的需要。现代考古学在发掘史前人类遗迹时，经常会发现各类材质的装饰品，可见服饰很早就脱离单纯的蔽体功能，而承载起某些文化功能。

一、天马行空的构思

创意服饰敢于打破常规服饰观念，关键在于能够以独特的设计打动人心，满足人对美的更高追求。通过创意，设计师阐述了思想、抒发了情感、表达了情趣。消费者则通过时尚流行，潜移默化地提升了审美意识，进而对服装创意产生了更高的需求。在20世纪初法国时装界被称为“革命家”的设计大师——保罗·波烈在创作时从不随波逐流，也不像其他设计师那样不断重复以前的样式。他十分敏锐地把握住时代气息，勇敢地把束缚欧洲女性身体数百年的紧身胸衣从女装上取掉，使欧洲女性不仅在身体上，而且在精神上从传统习俗的桎梏中解放出来。这一革命性的行动，在服装史上具有划时代意义。

好的服装创意，仅仅依靠形象思维是远远不够的，要善于运用多方位思维方式。发散性思维通过对现有的材料、知识进行整合和重组，从而创造出更新、更多的创意构思，是发挥自身想象力，增强对事物的探索性研究，通过标新立异构建新的审美视角，是“创造力的温床”。在服装设计中渗透发散性思维，则造型既可以是圆形的，也可以是方形的，色彩既可以是对比强烈的、也可以是近似色调的。收敛性思维是对信息进行汇总并推断结论的思维方式。在服装设计中运用收敛性思维，可以对不同设计方案中进行分析、对比，确定最优方案。横向思维可以从事物的不同侧面来探索不同方案的相互联系，借助于某一事物来与其他事物进行对比和分析。纵向思维则是以事物的产生、发展为思维线索，从历史性的比较分析中来探讨过去、现状和未来，从而揭示事物发展规律。服装设计过程中，纵向、横向思维相互衔接，有助于拓展创意的深度和广度，以增强服装创意的感染力和表现力。

直觉对服装创意设计具有重要作用。设计师在进行服装设计时，直觉能够从强烈的兴趣和注意力中挖掘服装设计的创意构思，为设计师提供有益的启发。想象也是创造性思维形成的源泉。人脑通过对现有认识进行加工，可以构建出尚不存在的丰富的情境。想象可以是自由方式的启发，也可以将想象汇聚到某一个主题内。服装设计离开想象，就不会有巨大的创造力，自然也不会有优秀的作品问世。三宅一生（Issey Miyake）的创作灵感，往往来源于对未知的想象。他凭借对服装设计的艺术追求和内心丰富的想象力，设计出风格形态各异的服装作品。

服装设计与创意思维衔接，将赋予作品极大的美的征服力。让·保罗·高缇耶（Jean Paut Gaultier）被称为“灵感的发动机”，他的作品从带有朋克的内心精神到超现实主义的立体派，再到传统文化的展现，都是源自他的创作灵感。他时常从博物馆、朋克、戏剧、杂货摊等地方吸收营养，转化成自身服装设计的艺术构思能力。将创意思维渗透到服装设计中，将为设计师增色，为作品增色。[①]

二、得心应手的面料

面料是构成服装的物质基础，服装的创意必须借由面料的外观、特性和功能等特点才能得以充分体现。设计师在设计服装时，必须考虑最能表现这款服装造型所需要使用的服装材料。伊夫·圣·洛朗（Yves Saint Laurent）曾说："在设计服装时，我们需要关心的并非衣袋、腰带的位置，也不是开领的形态和大小之类的问题，而是同画家选择不同颜色、雕塑家选择所需的黏土一样，要精心地选择布料和颜色。"

面料的创意首先蕴涵于其成产过程。消费者对面料最关注的是穿着是否舒适、是否满足特定功能需要、是否绿色环保。随着创新纺织品、新品种和新应用领域的发展，当前具备高附加值的高科技、高性能的功能性面料制造正在快速发展。专家们甚至预测，未来纺织面料将赋予新的概念，将会出现带有数字装置的面料，破损时能自行修复的面料及带有纳米材料的智能面料等。[②]

服装设计师们为了更好地实现设计构思，需要对已经制成的面料进行大胆的二次创意，赋予面料多元化和复杂化的表现形式，传达全新的视觉感受和理念。常见的面料创意手法有增型、减型、钩编织和印染。

增型是指对一种或一种以上的面料，运用车缝、热压、拼贴、刺绣、吊挂以及黏合等工艺，进行绣缀、镶嵌、抽褶、填充、堆积等处理，使之更加切合设计要求。运用加法原则改造面料的典型就是刺绣。通过不同手法的线的穿插堆叠，使原本平面的面料具备了浅浮雕般的立体感。同时，刺绣以针线代笔墨，在面料上勾勒出更多层次和细节，使面料更加精致。减型是指运用镂空、剪裁、烧花、抽纱、腐蚀等手段，对面料实施局部去除或破坏，

① 汪东．服装设计创意思维研究［J］．绥化学院学报，2016，36（6）：92–94.

② J.A.Craamer，汪玲玲．未来纺织工艺［J］．上海毛麻科技，2010（3）：47–48.

改变原有肌理，使面料外观不完整、无规律或甚至破烂，进而产生虚实相间的效果。镂空包括镂花、镂孔、镂格、镂空盘线等。抽纱则是抽去面料的经纱或纬纱。钩编织设计是将不同材质的线、丝、带、绳等使用钩编手段进行重新排列和组合，使面料呈现出凹凸交错的外观形态。印染是对面料进行重新染色和印花等再次处理，使其具有丰富多彩的外观效果。

创意设计的服装面料主要是以突出材料特点为主，服装款式可以相对单一和简洁。如被称为“面料魔法师”的服装设计大师——三宅一生，将白棉布、针织棉布、宣纸等材料，结合传统工艺与现代科学技术，创造表达出了不同肌理效果的服装材料，由其所创造的“一生褶”直接展现出了服装面料的二次处理工艺。经过创意设计后的服装面料，可以直接应用于服装整体设计的过程中，进一步凸显出创意设计面料的创新特色。同时，还可以将创新设计的面料应用于服装的局部设计，与整体服装的形式和内容互相呼应，进而产生出独具匠心的视觉效果。在服装设计的过程中，通过应用局部设计的形式，如在胸部、腰部、肩部、臀部等位置使用创意面料，使得服装设计局部显示出较为丰富和立体的效果，进而与整体服装设计形成鲜明的对比。利用服装面料的创意设计的独特魅力来表达设计的风格及理念。[①]

三、相得益彰的裁剪

服装裁剪是落实服装创意的重要环节，不同的裁剪方案会直接影响服装设计的最终效果。服装裁剪包括平面裁剪和立体裁剪。平面裁剪，是指运用一定的计算方法，将各种服装款式在纸上或布料上绘制出平面结构图。立体裁剪，是指直接将布料覆盖在人台或人体上，通过分割、折叠、抽缩、拉展等手法塑造出服装造型，再从人台或人体上取下布样在平台上进行修正并转换成服装纸样再制成服装的技术手段。

平面裁剪以公式计算为主，虽然在规格尺寸方面控制力较强，

① 邓琼. 对服装面料创意设计的探讨［J］. 智库时代，2017（5）：49-50.

但在裁剪过程中很难看到成衣效果，因此更适合于常规大批量、变化较少的款式。立体裁剪最大的特点是侧重于整体造型，通过在人台上直接裁剪可以直观地看到成衣的比例、空间形态及造型效果，更适合于时尚的、小批量的、变化大的款式。然而立体裁剪也有其弱点，裁剪费用较大，单件裁剪费时，裁剪的工作量比平面裁剪的工作量要大。

立体剪裁使用人台作为操作对象，其操作比平面裁剪更加具象化，具有更加鲜明的科学性优势，适体性鲜明。由于立体剪裁需要进行二次设计、多次剪裁，所以其操作过程便是体验美感的过程，采用立体裁剪手段可以使设计更加完善。并且，由于立体裁剪可以直接操作布料，所以对布料性能有着更加清晰的感受，在进行造型表达时可以展现出多样化的特色，居于创造性的造型大多都源于立体裁剪。但是立体裁剪所使用的人台处于静止状态，并非是穿着服装、灵活移动的人体，再加上人台形体与操作方式存在条件限制，所以单独采用立体裁剪手段制成的服装版式都不是非常理想。

服装设计的过程是立体—平面—立体的过程。由立体裁剪所得的平面纸样是服装设计最可靠的结构依据。立体裁剪和平面裁剪有机结合，是未来服装制版的发展方向。例如，在立体裁剪中人们可以准确把握衣身，但难以把握袖子与领子，因此可以使用立体裁剪手段来处理操作复杂、准确性难以把握的衣片，使用平面裁剪手段来处理操作难度低的袖片，而领片则可以按照领型进行具体裁剪。对于裤子，则使用平面裁剪手段。这样既避免了单用立体裁剪或平面裁剪所面对的难题，又提高了制版的工作效率，获得了理想的结果。

对于无经验数据可做参考的服装，可以在立体剪裁的过程中借助手感与审美观念来操作。例如，礼服与一些创意性服装的结构较为复杂，可以使用立体裁剪手段制作服装纸样，随后使用平面裁剪手段加以修改。这样不但可以确保服装纸样具有较高的准确度，还能获得理想的视觉效果，缩减服装的制版时间。其操作方法总结如下：首先调整人台，按照款式尺寸将胚布裁剪出来，随后在胚布上勾画出腰线、臀线、中心线等基础线条，之后使用立体裁剪手段在人台上粗裁、假缝，对人台的穿着效果进行观察，给予修改与标记，最终制成服装样衣。若条件允许，可以在修改与标记环节将样衣扫描到计算机中，使用服装 CAD 等软件对平面板型进行修改，最后导出到衣料中进行样衣制作。[①]

四、日新月异的科技

服装是艺术与技术相结合的产物。现代服装科技从表面上看反映的只是一种高新的技术或手段，但其内在却孕育着创新与突破的巨大能量。设计师如果能很好地学习和运用服装科技，将更能拓宽思路，促进创意表现。

伴随着计算机辅助设计的发展，现代服装设计师的设计手段更加灵活。服装效果图是服装设计师表现创意的重要手段，在各种功能强大的设计软件的辅助下，设计师绘制效果图更是如虎添翼，无论修改还是创造表现都更加自如，创意的表现越来越便捷。得益于现代工业缝纫机的发展，各种专项缝纫设备也相继出现，平缝机、包缝机、订扣机、电脑绣花机等设备在推动工艺进步的同时，也使设计师的创意实现变得更加容易。现代色彩流行预测也离不开科技的发展，科技的发展在一定程度上还影响着设计师对色彩的把握和运用。在服装人体结构和人体工学的研究中，各种测试仪器的研发、各种实验数据的分析也同样离不开服装科技的发展。在高新技术的助力下，往日可望不可即的服装创意，已经轻易即可实现。[②]

① 刘媛．科技条件下服装立体裁剪与平面裁剪的交融［J］．现代经济信息，2017（15）：382.

② 李明燕．刍议服装科技与服装创意设计［J］．美与时代（上），2012（5）：106–108.

第三节　文化创意对服装行业的影响与意义

文化创意是以文化为元素，融合多元文化，整理相关学科，利用不同载体而构建的再造与创新的文化现象。实际上文化创意最核心的东西就是“创造力”，创意可以是两个方面的，一方面，可以是原创的东西，创造出新生事物；另一方面，可以是在原有的文化基础上创新，形成新的事物，给人新的感觉。提升文化创意，可以带动文化产业的发展。

“服装是理解现代消费者自我感觉的关键。”[①] 服装行业的发展与文化创意息息相关。服装行业的发展，需要融入文化创意，提高服装的文化内涵，为产品增加附加值、为行业增加销售点。

一、提升产品内涵

文化创意对服装行业最首要的价值在于提升了服装产品的内涵。

将文化创意融入服装中，可以提升服装产品的内涵，增加服

① 珍妮弗·克雷克．时装的面貌［M］．舒允中，译．北京：中央编译出版社，2000：284.

装的附加价值，吸引潜在的文化性消费群体，有利于巩固消费群体，从而起到带动整个服装行业良好运转的作用。

服装行业提升文化创意，不仅体现在服装图案上，也体现在服装企业的企业文化、品牌文化、设计理念上，这些载体被赋予了文化创意，服装产品的内涵也随之提升。

中国传统文化与各民族艺术中有数之不尽的瑰宝可以作为创意元素进行开发，如绘画层面的敦煌壁画、水墨画，再如民族手工艺传统方面的剪纸、刺绣、蜡染等，对其进行梳理、整合，加以传承与创新，可以丰富服装产品的表现形式，并在此基础之上提升产品的内涵。

2018 年北京时装周"亮相 · 王府井"会场上，所展示的服饰体现了中国传统刺绣文化的精髓：从主题上来看，此次时装秀是对"时尚京剧"的探索和尝试，将中国古老的传统艺术与时尚服饰进行无缝对接，以现代化、国际化、时尚化的方式进行全新的演绎。当晚的时装秀以京剧代表剧目之一《定军山》的造型拉开序幕，随后展现的京剧艺术与国风元素时装珠联璧合。这场时装秀展现的不仅是单一的刺绣技法，更是将传统四大名绣苏绣、蜀绣、粤绣、湘绣的技法融合在一起，形成独特的混合秀技法，在传承中国传统技法的基础上创新，将刺绣文化推向新的高度，向世界展现中国服饰的魅力。在展现刺绣文化的同时，服饰图案更是选择了"百子图""金玉满堂""百兽之王"等极富中国美好寓意的图案，从多种角度展现中国深厚文化，提升了服饰的内涵。

2018 年北京时装周上，中国高级定制服装品牌清君华服进行了一场主题为"融裔 · 天成"的服装发布会。主题的名字就是发布会服装的主打色，"融"用绿色代表收获和智慧，"裔"用银杏黄色来代表活力和生命力，用蓝色和白色代表"天"，用红色代表"成"，将中国传统色彩美学以现代设计的视角表现出来。此次时装发布会运用了非遗苗族刺绣技艺，并结合中国的传统祥云图案、手工流苏、手绘等艺术表现形式，让传统的手工艺焕发出时尚的魅力。运用适合华人身型的板型来设计服饰，结合最新流行时尚，在传承中创新，提升了服饰内涵，向世界展现了华服之美。

二、增加产品价值

1923 年 4 月，玛德琳·维奥奈（Madeleine Vionnet）的新店在蒙田大道（Avenue Montaigne）50 号开幕，在开店的同时，公司成立了反抄袭协会。维奥奈夫人还引入了指纹鉴定，生产的每一件衣服都有一个包含 Vionnet 独特署名标志和她右手拇指印记的标签，人们对品牌意识的提升也是从这里开始的（见图 1-1）。

图 1-1　正在设计的维奥奈夫人

提升文化创意，有利于增加服装产品的价值。仅凭单一的服装设计理念设计、销售服装，存在很大的局限性，融入文化创意，提升文化创意，将多种不同文化加入服装，在丰富服装内涵的同时，增加了服装的价值，增加了潜在的文化消费群体。通过提升文化创意，增加服装产品价值的成功案例不胜枚举。

2010 年薄涛在北京时装周发布了一场充满中国文化创意的服装秀，以国宝画魁为魂，以故宫藏品为魄，借鉴故宫藏品郎世宁的《花鸟图》、徐渭的《水墨葡萄图》等，提炼其中的精髓，结合丝绸、欧根纱、雪纺等材质，创造性地将水墨真迹融入纺织服装中，通过服装向世人很好地展示了古代艺术大师创作时所追求的意境，将古典文化与时尚巧妙结合，向世界展现了纯正的中国元素，使得服装不再是简单的遮蔽身体的穿着衣物，更是传播中国文化的途径，也在展现中国文化的同时，提升了服装的价值。在那次华彩意象的时装发布会上，从理念、设计、到样衣制作，都汲取了民族服饰与传统服饰的精华，融合现代设计理念与制作工艺，制作出了具有中国式审美的全新服装，也向世界推广了中国文化，增加了产品的附加值。

2018 年运动品牌 Vans 和凡 · 高美术馆联名，将凡 · 高的作品《骷髅》《盛开的杏花》《向日葵》及其自画像等绘画艺术作品印在 T 恤、夹克、球鞋、帽子等服装产品上。Vans 的这个系列服装产品销售量有了很大的提升，全球销售额同比增长 35%，毛利率同比增长 70 个基点至 50.3%。Vans 通过和博物馆的合作，吸引了一批凡 · 高喜爱者的消费群体，增加了产品的价值；同时，凡 · 高博物馆通过和 Vans 的合作，向更多人展示了凡 · 高的故事和他绘画背后的故事，让艺术走进人们的日常生活，是一个成功的双赢的合作案例。

三、扩展市场疆域

文化创意可以丰富服装产品，在增添服装品牌内涵的同时，增加产品价值，同时因为不同地区、不同类型文化创意的加入，能为服装行业扩展市场疆域。很多服装品牌因为加入不同的文化创意，将服装远销海外，更好地开拓了世界市场。

中国传统的民族服饰具有多样化、文化色彩丰富的特点，在现代文化发展迅速的今天，中国想要打开更广阔的服装市场，与国际市场接轨，就需要在保持民族特色的基础上与国际接轨，提升文化创意。我国传统的服饰有上衣下裳和衣裳连数两种基本形制。尽管每个时期的衣服特点都有所不同，但却都蕴涵着特色的民族性审美，将古代服饰中的特色融入现代服饰中，吸收文化精华，提升文化创意，设计出符合现代审美的服饰，才能将服装推广给更多人群，推往更多不同的地区，扩展服装行业发展的市场区域。

很多成功的服装秀都有其独特的文化创意，提升文化创意，能够吸引各个地区的消费群体。2014 年亚历山大 · 麦昆（Alexander McQueen）春夏时装发布秀——偶然拾得的艺术品，不限制特定的穿着时间和场合，就像是一场文化创意与服装完美结合的时装秀一样，给人无限的联想空间：金色的头盔和臂环让人想到亚马逊；祖鲁的鸵鸟羽毛、复杂的珠宝装饰外套就像是部落的女祭司；短裤和长裙的搭配就像是凯尔特战士；还有类似彼埃 · 蒙德里安（Piet Cornelies Mondrian）的几何图案……十足的文化创意感，让消费者既可以是部落的舞者，也可以是派对公主、职业女性，加入了不同文化创意的服装，更是引来了不同国家、不同地区甚至是不同工作领域的消费者，扩展了市场疆域。

四、打破行业壁垒

提升文化创意，有利于增加产品内涵，提升产品价值，从而扩展市场疆域，打破行业壁垒。单一的服装产品局限性较大，受众群体比较单一，不利于服装产业的运作。提升文化创意，融合多种文化，可以最大限度地推广服装产品，有利于增加潜在消费群，甚至打开服装品牌的其他相关产业，获得良好的文化产业链，打破单一销售形式，在行业竞争激烈的大环境下获得更多的商业机会。

很多时尚大牌已经远远不满足只涉及服装领域，将品牌文化延伸至口红、珠宝、旅行箱甚至是高端酒店。在这些由时尚大牌打造的高端酒店中，沐浴产品、床品、餐桌台布、古董瓷器和定制家具都将品牌文化展现得淋漓尽致，使得顾客在享受入住环境的同时，无时不在欣赏着该品牌下的其他产品。詹尼·范思哲（Jianni Versace）酒店中，每个细节都展示着奢华，体现设计者和入住者的品位与风雅。刺绣床品都是手工完成，家具木器要用传统工艺打制完成，古董瓷器是从偏远山村收集而来，整套床上用品都是使用埃及棉花，由 300 以上支纱数做成，所有的核心都是无止境的挑剔细节，将服装上的文化要求在酒店布置上也一一体现，让顾客在享受酒店设施的同时，也在无声地吸引着顾客消费他们的服装、香水、口红等产品，极大程度地扩展了服装品牌的销售形式，规避了单一服装发布会的展现销售形式，使得该品牌的多种产品都在不同地点、不同场合反复出现，加深顾客的印象。

2011 年中国网统计了这样一个传奇，一部魔法书创造了千亿产业财富。这部魔法书《哈利·波特》是由英国作家凯瑟琳·罗琳撰写的，她也凭借这一部魔法书，登入福布斯 10 亿富翁排行榜。让《哈利·波特》系列真正赚钱的是这个系列的衍生产品，无数商家争相与之合作，全球最大的玩具制造商——美乐、乐高、孩之宝高价购买该书系列玩具与文具特许经营权。2010 年美国佛罗里达州奥兰多环球影城的哈利·波特主题公园正式开张迎客，吸引大批粉丝前来。与此同时，时代华纳拥有了该书的电影版权、有线电视版权，美国电艺、日本松下拥有了该书的游戏版权，一时间哈利·波特文化带动了多个产业，风靡餐饮、服装、影视、游戏等各个行业，极好地展现了“波特”魅力，同时体现了文化创意的魅力，给各行各业举了一个成功的文化创意效应的例子，打破了各行各业孤立营销的模式，促进了行业横向发展。由这个“哈利奇迹”可以看出，提升文化创意，有利于产生完整的产业链条，同时带动文化与产品，极大限度突破各行业壁垒。

社会的发展使人们的生活水平得以提高，消费能力也随之提高，对服装的要求也会从最原始的遮羞保暖转变为对个性、审美等条件的追求。在服装行业竞争激烈的大环境下，提升文化创意成为服装品牌、服装企业长盛不衰的重要条件之一。正因为文化创意以文化为元素，是用不同载体构建新文化，其核心就是创造力，世界文化的多元化，加上创意的润滑，能够增加服装的内涵，扩大潜在消费群体，由此提升产品的价值。利用好文化创意，扩展市场疆域，由文化创意发展成为文化产业，随之带动多种产业良性发展，改变行业单一发展的尴尬境况，能够打破行业壁垒。服装行业要有更广阔的发展空间，更有力的竞争力，就需要不断提升文化创意能力，在文化创意中发展，在发展中创意。

第二章 改变服饰业面貌的服装设计师

本章是对改变服饰业面貌的服装设计师的梳理，

首先引出“导向设计师”的概念，

回溯服装设计师的诞生，

并对设计师与导向设计师的概念进行阐述；

从改变服装面貌、重新定义女性形象、重塑服饰概念三种风格入手，

以六位导向设计师为例阐述创意思维对于设计师的塑造作用。

第一节　概述：服装设计创意的灵魂——导向设计师

一、服装设计师的诞生

“服装设计师把世俗世界人们所渴望的所有东西都结合在了一起，他们本身也成为这些东西的象征。”[①] 服装设计师这一概念是从 19 世纪中叶才发展而来的，在这之前，这一职业的前身是为西方贵族名流裁制衣服的裁缝，他们的地位与工匠相似。那时的裁缝也没有设计可言，大都是按照雇主的意图把服装裁剪和制作出来，一般而言，从服装的款式、面料到细节都是雇主来定，而鲜少有自己设计的余地。分水岭是从被誉为“高级时装之父”的查尔斯·弗雷德里克·沃斯（Charles Frederick Worth）开始的——他不是一味地接受雇主的要求，而是自己设计款式来向雇主推荐，他的设计将华美的面料、精致的剪裁、典雅的风貌与不断革新的样式相结合，这是之前的“裁缝”从没有过的举动。沃斯在 1858 年创建了历史上第一家设计所，他的顾客包括很多身份尊贵的上流社会贵妇名媛，也

① 杨道圣．时尚的历程［M］．北京：北京大学出版社，2013：192.

是通过这些客人，他的服装以及与之前时代不同的“设计”的理念向更为广泛的普罗大众展开。

在沃斯之后将“设计”的概念更为贯穿这一职业的是法国的设计师保罗·波烈（Paul Poiret），保罗·波烈是20世纪巴黎第一位被称为“革命家”的设计大师，他曾在沃斯的时装店工作并于1903年开设了一家属于自己的时装屋。他的服装摒弃了紧身胸衣与撑架裙——这一为女性塑造了美丽的身体曲线、同时又紧紧束缚她们的辅助服饰品，这种改变无疑是具有划时代意义的范例。1906年，波烈推出了高腰身的希腊风格长裙，拿掉紧身胸衣，这一革命性的举动奠定了当时女装流行的又一基调——上衣的支撑点不在腰部而在肩部的观点，暗示出腰部不再是女性魅力的唯一存在，打破了此前女性服饰延续几百年的视觉焦点在于腰部的观念。1910年，波烈又推出了著名的“蹒跚裙”（又名“霍布尔裙”，Hobble Skirt），这种款式的裙子放松腰身，开衩在前身的正中，起点在膝盖以下，使膝部一下收紧，露出小腿的部位，在收小的裙摆上作了一个深深的开衩，将人们的视线转移至腿部。这也是波烈的经典设计，因其特殊的款式结构而使得穿着者步履蹒跚，因而得名。保罗·波烈的一系列创举无疑是那个时代的“文化创意”：他不仅改变了以往几乎一成不变的审美范式，还塑造出崭新的审美形象，带给那个时代的女性不一样的审美理念。他还具有那个时代少有的营销意识，采用橱窗陈列的方式展示自己的作品，还率领模特穿着自己设计的服装周游莫斯科、柏林等欧洲城市，为服装做宣传。正如曾写作《范思哲签名》的奥马尔·卡拉布里斯所认为的那样：“一位真正的设计师的标准或者是一个‘伟大设计师’，应该能够保持住自己的个性，即使是在这个不断变化的服装世界里亦如此。”[①] 因此就有了下文所要叙述的各个不同时期的“导向设计师”群体。

① 普兰温·科斯格拉芙.时装生活史［M］.尤靖遥，张莹，郑晓利，译.上海：东方出版中心，2006：227.

二、设计师与导向设计师

保罗·波烈之后的时尚界，“变化”成为不变的主题。服装设计师逐渐脱离了“裁缝”的概念，从仅仅动手制作到设计（画图）以及制作。还有一些设计师很少动手，只用图画来变现自己的设计意图。今时今日，国内外的服装院校在人才培养方面都比较重视对学生的全面训练，从服装理论、制作基本功、设计表达、效果图的绘制、服装结构与工艺等各个方面进行全方位的培养，而在此环境下成长起来的设计师们也具有了更为广阔的发展空间。

如果熟悉西方现代服装发展的历史，我们就会发现，自 20 世纪初以来的一个多世纪，每个时代具有典型性的设计师都好像明珠，点缀起服装发展的璀璨长河。这里所讲的具有典型性的设计师就是导向设计师：“导向设计师不同于一般的设计师，是指那些能够决定他那个时代的时尚潮流，或在一定程度上引导潮流所向的人。”[①] 他们对时尚的流行以及服装业未来的走向具有超于常人的敏锐认知，并将这种认知付诸设计实践，从而影响了他们所生活的时代的潮流走向。前文所述的沃斯与波烈都属于此列。

“设计师成功的原因是他们通过服装的线条和裁剪规定了身体习性。每当一些个别的设计师设计了新款式或新形象时，他们的创造性天才和意志总是受到赞誉。”[②] 在他们之后，每个时代都有导向设计师的出现：“20 世纪 20 年代有可可·夏奈尔（Coco Chanel），30 年代有艾尔莎·夏帕瑞丽（Elsa Schiaparelli），40 年代有克里斯汀·迪奥（Christian Dior），60 年代有皮尔·卡丹（Pierre Cardin）、伊夫·圣·洛朗和玛丽·匡特（Mary Quant），70 年代有维维安·韦斯特伍德（Vivienne Westwood），80 年代有克里斯汀·拉克鲁瓦（Charistian Lacroix）、詹尼·范思哲和乔治·阿玛尼（Giorgio Armani），90 年代有约翰·加利亚诺（John Galliano）等。”[③]

这些导向设计师都在自己所处的时代对时尚的发展起到了

① 华梅，周梦．服装概论［M］．北京：中国纺织出版社，2009：14.

② 珍妮弗·克雷克．时装的面貌［M］．舒允中，译．北京：中央编译出版社，2000：80.

③ 华梅，周梦．服装概论［M］．北京：中国纺织出版社，2009：14–15.

举足轻重的作用，他们是对他们所生活的时代的服装进行“文化创意”的人：夏奈尔的设计改变了20世纪20年代女性服饰的造型，塑造了不那么女性甚至具有中性特征的服装，她的很多设计单品打破了当时的人们对于服装的认知；夏帕瑞丽将艺术引入服装，以一种前所未有的幽默与诙谐塑造新的女性形象；迪奥的设计契合了战后人们对和平以及对女性美丽形象的向往，散发出优雅的气质；皮尔·卡丹“宇宙服”的设计可以看作是对20世纪60年代航空发展的致敬；玛丽·匡特的“超短裙”（Mini skirt）引领了服饰发展“下位文化”的街头化，是对20世纪60年代时尚引领者年龄下行的最佳诠释；维维安·韦斯特伍德被称为“朋克之母”，她的设计反映了亚文化对时尚的影响，其设计风格改变了传统观念中对“美”的定义；范思哲与阿玛尼都来自意大利，在设计风格上，他们一位是精于做加法的设计师，另一位则精于做减法，但无论是何种风格，都代表了那个时代的时尚品位；约翰·加利亚诺善于从历史中吸取灵感并古为今用，他的设计风格多样，同时又具有独特的个人烙印，他一些时装秀也做了超出服装本身的尝试。

第二节　改变服装面貌的导向设计师

一、艾尔莎·夏帕瑞丽

当没有人再盗版你的设计时，就说明你已经不代表最好的设计，也很难再成为新闻。

——艾尔莎·夏帕瑞丽

艾尔莎·夏帕瑞丽1890年出生于意大利罗马的一个名门世家，其父为一所东方语系学校的学者并兼任一所图书馆的馆长，因此幼时夏帕瑞丽得以阅读图书馆中那些具有精美插画的图书以及具有一定年代的手卷资料。在优渥的家庭环境下成长的夏帕瑞丽从小就不是一个循规蹈矩的女孩，她的成长环境与性格都为她日后的具有超现实主义的设计风格打下了基础。

一路从意大利到伦敦、尼斯、纽约，最后选择把巴黎作为常驻之地的夏帕瑞丽，其才华受到了前文所述的保罗·波烈的赏识，后者不仅鼓励她创作，还经常寄自己的设计给她。在其鼓励下，夏帕瑞丽开始为朋友们设计服装，并于1935年在巴黎的芳登广场21号创立夏帕瑞丽时装屋。

夏帕瑞丽本人喜爱冒险与挑战，她把意大利人的热情和法国人的趣味结合在了一起，其设计风格大胆幽默，充满着自由与天马行空的创造性。她的设计被注入超现实主义的因子，因此具有区别于那个时代大多数服装的不一样的特质。夏帕瑞丽的设计跨越了高雅与通俗之间的藩篱，改变了服装固有的范式，她更像是以人体为模特[①]、以服装为媒介，来诉说对世界的认识以及对艺术的追求。

夏帕瑞丽与当时很多优秀的艺术家都保持着良好的关系，在与他们的互动中汲取灵感，创作出很多不同凡响的设计。比如，把人类的骸骨的样子印在毛衫的前身，位置与骸骨在人身体的位置吻合；前胸部位有着类似抽屉式的口袋的女套装；有刺绣着鲜红的龙虾和绿色欧芹的白色晚礼服，而在此之前将动物印在服装上并不多见；有造型像羊腿的、像长手套一直戴到肩头的不对称袖子设计；有一边袖子绣满金色秀发的上衣；有背部绣有“杯子”和“两个相对女孩头像”的视错效果的小礼服（见图2-1）；有把高跟鞋倒过来做各种造型设计出来的帽子；还有把报纸上的文字印在服装上作为图案的设计。这些即便在今天看来依然很前卫的设计一经推出就震惊四座——它们颠覆了20世纪30年代人们对女性服饰低调优雅的设计风格的认知，服装以一种幽默诙谐的面貌来到众人面前。此外，与男性设计师不同，夏帕瑞丽对女性的形象有着不一样的诠释，比如她最标志性的“方肩”（Square Shoulder）设计，一改往日女性柔媚的形象。

夏帕瑞丽的很多设计都具有超前性，如装饰有两种或是三种不同色彩来进行强烈对比的色块的毛衣，其大胆的几何分割使得这种款式成为当时非常热门的单品。

① 夏帕瑞丽的设计甚至朝着冲破人体固有曲线的方向而去，她曾说过“不要为了身体线条而制衣，而要让身体线条屈服于衣服”。

图 2-1　夏帕瑞丽的设计作品之一

就像达利有一幅画描绘的是一个腰部被大量的手包裹的女人一样，夏帕瑞丽则将达利所绘的龙虾印到一款无领无袖束腰白色礼服裙的下摆上（见图 2-2）。

图 2-2　夏帕瑞丽的设计作品之二

夏帕瑞丽的灵感来源于生活的不同层面，如她1938春夏系列“The Circus Comes to Town”有很多马戏团的设计元素：将马戏团成员和其训练的动物以彩线刺绣装饰于上衣的门襟处，这个系列与当时的国际超现实艺术展览同期发布。

从20世纪30年代至50年代，夏帕瑞丽还为很多电影以及戏剧设计戏服，她认为电影是时装最好的载体，来源于生活又高于生活，这与时装的调性相符。

20世纪50年代初期，夏帕瑞丽的高级定制系列进入了一个低谷，与同时代的夏奈尔经历低谷又东山再起、一直工作到去世之时不同，夏帕瑞丽早在1954年就关闭了自己的时装屋，但她对服装业的影响极其深远：衣服在她这里已不仅仅关于保护与美化身体，它还可以是设计者甚至穿着者的思想的表达，也可以是一种艺术形式，这无疑拓宽了时装王国的疆域。

二、三宅一生

布料和身体之间的空间创造了服装。

——三宅一生

1938年，三宅一生出生在日本，毕业于日本多摩美术大学设计系，但成为一名时装设计师是隐藏在他心底的梦想。1965年，他来到了巴黎并为休伯特·德·纪梵希（Hubert de Givenchy）等设计师工作，这些经历为他1970年开始成立自己的工作室积累了经验。1971年，三宅一生推出了他的第一次时装展示并获得了成功，从此开始了他的职业设计生涯。

三宅一生这位在西方成名并发展时装事业的设计师敢于打破西方对人体曲线的夸张与再塑造，以及在此基础上的“人”与“衣”之间的对抗关系，转而以东方哲学以及在此体系影响下的服饰文化的视角来创造一种强调“人”与“衣”之间内在和谐的设计观。他的很多设计理念都来源于东方习俗与相应的价值观。

在这种观念背景下，穿着者具有决定性的主导地位，在此理念下设计而成的服装能够给予身体最大程度的自由，“他认为设计师应该隐藏在作品之内，一旦作品产生，作者即刻隐去。”[①] 这种反其道而行的设计观是对时装生命力源头的重新探寻，这种另辟蹊径的创新以及对服装功能与美学和谐统一的追求使得三宅一生的设计具有了独特的魅力，巴黎装饰艺术博物馆馆长戴斯德兰呈斯称誉其为“我们这个时代中最伟大的服装创造家”，其“创新”在于他对整个西方服装设计思想体系的颠覆，但有趣的是这种新的设计观念却在西方时尚舞台获得成功。

欧洲服装设计的传统向来强调感官刺激，追求夸张的人体线条，丰胸束腰凸臀，不注重服装的功能性，而三宅一生则另辟蹊径，从东方服饰文化与哲学观照中探求全新的服装功能、装饰与形式之美，并设计出了前所未有的新观念服装，即蔑视传统、舒畅飘逸、尊重穿着者的个性、使身体得到了最大自由的服装。他的独创性已远远超出了时代和时装的界限，显示了他对时代不同凡响的理解。

自 13 世纪开始，省（Dart）的诞生使得服装从平面走向立体。自此以后的数百年时间，西方服饰都遵从以更为立体的方式对人体进行包裹和装饰的思维模式，衣服被分割成更多的裁片，用以塑造更为立体的身型。而三宅一生则反其道而行之，他从东方哲学思想入手，探索“人”与“衣”之间的和谐关系，以无结构的方式创造人与衣之间的空间，是对西方传统的造型模式进行反思维的设计创意。

三宅一生非常重视服装的面料环节，在进行设计之前，他会将所选的面料放在身上，用视觉、触觉去感受它。他说：“我总是闭上眼，等织物告诉我应去做什么。”在材料的选择上，三宅一生也突破了常规，倾向于用更适应自然的针织棉布、亚麻，甚至日本宣纸。除了面料商提供的材料外，三宅一生为了达到自己想要的效果还常常亲自试验和加工，运用现代科技将日本的传统织物进行改造，这使得他的服装从织物的外观上就与众不同，他

① 袁仄，张海容．时空交汇．传统与发展［M］．北京：中国纺织出版社，2001：56.

也因此被誉为“面料的魔术师”。

作为一个国际知名品牌，三宅一生的成功还体现在服饰相关衍生品的运营上。他于 1992 年推出其香水的经典之作——一生之水（Issey Miyake L’eau d’Issey）。这款著名的香水具有泉水般清冽气息，其香气空灵而幽远，瓶身是造型简洁的圆锥形，白色半透明的磨砂玻璃瓶身配以银色拉丝金属瓶盖，顶端装饰一颗银色圆珠，具有一种低调的高贵气质，反映出三宅一生对美的解读，与其服饰的美学理念一脉相承。

三宅褶皱（Pleats Please）是三宅一生的副线品牌，主打可以折叠、便于旅行的衣服，1993 年被推出。这种具有褶皱的服饰也是人们对三宅一生 品牌最直接的印象。三宅褶皱的服装方便收纳与洗涤，符合现代社会发展的需求；从设计上来看，它的造型具有非固定性，可以随着穿着者呈现不同的面貌，这也是三宅一生独特的立体主义服装造型的集中体现。

第三节　重新定义女性形象的导向设计师

一、可可·夏奈尔

我要成为未来的一部分。

——可可·夏奈尔

可可·夏奈尔是一位具有传奇色彩的设计师（见图 2–3），她 1883 年出生于法国卢瓦尔县的米索尔，幼年的生活因私生女的身份而饱受煎熬，这也同时锤炼了她的意志，使之成为一位坚忍不拔的女性。

夏奈尔对时尚与流行有着自己与众不同的理解，她有很多经典的名言影响了后代许多设计师，比如“时髦并不仅仅停留在衣服上，时髦是空气的，是一种思考方式，生活方式，是我们周围发生的事情 ”，比如“时尚来去匆匆，唯有风格永恒”，再如“如果你没有翅膀，就不要阻碍翅膀的生长”，这里的“翅膀”所指的就是创意的思维。

图 2-3　设计师可可 · 夏奈尔

夏奈尔对创意的运用体现在服装设计和服饰推广两个层面。一是服装设计层面：她把晚礼服法定的拖地长度缩短至与白日服一样的长度；她将长裤运用于女装，在此之前长裤只用来作为衬裤被女性穿着；她推出第一瓶以设计师命名的香水——夏奈尔五号（Chanel No.5），迄今为止，它仍是世界上最畅销的香水之一；她设计了"小黑礼服"（Little Black Dress，LBD）（见图 2-4）。她使用了惯常不会使用的黑色——她认为黑色和白色（而不是那些花花绿绿的色彩）才是包容一切的颜色，美无懈可击而又绝对和谐，再结合简洁的款式，打造出传统既定规范外的另一种女性美。时髦女性对其趋之若鹜，被称为"有品位的女子的'制服'"，被时尚杂志（Vogue）比喻为时装界的"T-car"——当时广为流行的福特汽车的经典款式；她设计出至今经久不衰的"夏奈尔套装"。二是服饰推广层面：夏奈尔深知设计师本人的形象与她服装品牌的整体性。因此首先是对个人形象的塑造——夏奈尔留短发，这是那个时代女性很少有的发式，后来时髦的女孩都剪短了自己的头发；她晒黑皮肤并宣称只有上流社会的女性才有闲有钱去海滩度假享受日光浴，而下层社会的女性才会因为天天在房间里做工而肤色苍白。这种极具有创意性的个人形象建构成功地吸引了大众的目光，稳固了她作为时尚引路人的地位。其次是夏奈尔对自己所涉及的服装的推广——她把男友的毛衫披在身上招摇过市，并相继推出类似的系腰带外穿款式；她穿着自己设计的小黑礼服出入各种高档场所；她建立了第一个服装饰品专卖店，时尚杂志（Vogue）称赞其首创了"整体造型"的理念。

图 2-4　发表于 *BAZZAR* 上的小黑礼服

纵观夏奈尔的设计历程，她善于吸收各类文化的养分，在此基础之上的“创意”是贯穿其职业生涯的“关键词”：比如，她首创以数字而不是描述性的词语命名香水的模式，相继推出“5号”“19号”等香水，其中夏奈尔五号香水更以女性化的香氛与男性化的几何造型瓶身形成了鲜明的对比；她提出首饰的价值在于搭配点缀服装而不在于炫耀佩戴者的财富，因此首创真珠宝和人造珠宝混合佩戴的模式；她一改各大品牌的高档手包都是手提式（Handbag）的习俗，设计出解放女性双手的、可以以金属长链挎在身上的 2.55 挎包，这是个十分大胆的设计——在当时，肩带包是工人阶级而不是上流贵妇的“标配”，但 2.55 包终以它的实用、美观而经典的设计赢得了女士们的青睐；考虑到女性的活动需要，她推出放松腰身的简洁女装款式……

夏奈尔对服装及其相关时尚领域的这一系列的改革影响深远：她打破了之前设计师从男性的视角出发所塑造的那些突出性别特征、具有胸腰臀“S”型曲线的服装，而是从女性自身的需求出发进行设计；她充分考虑服装的功能性与便捷性，重塑独立自主的女性形象。通过服装，她改变了男性看待女性以及女性看待自己的方式。夏奈尔以创意性的思维在服装领域对设计、穿着方式以及穿着理念带来变革，为女性追求平等自由与独立的社会地位做出了贡献，也为日后模糊性别意识的中性服装奠定了基础。

二、克里斯汀·迪奥

衣服是把女性肉体的比例显得更美的瞬间的建筑。

——克里斯汀·迪奥

克里斯汀·迪奥 1905 年 1 月 21 日出生于法国的诺曼底一个富裕的家庭。“Dior”在法文中是“上帝”和“金子”的组合，金色后来也成了 Dior 品牌最为常见的代表色。他从小就性格内向，非常喜欢毕加索、马蒂斯等艺术大师的作品，形成了他对设计独特的品位及喜好。他对建筑和绘画有着浓厚的兴趣，但按照父母的意愿就读于巴黎政治学院。毕业后他游历了很多国家，结识了许多著名的艺术家，获得了丰富的建筑、绘画和音乐等方面的知识。因为对于艺术的浓厚兴趣，迪奥曾和朋友合开了一个小画廊，后被迫关闭，开始为一些服装厂家画服装设计图和帽子设计图。1946 年，他受到“纤维大王”马尔塞尔·布萨克（Marcel Boussac）的资助在巴黎蒙田大道开设了以自己名字命名的迪奥时装屋，并在次年举办了那场震惊世界的作品发布会，从此开始了他异常辉煌的十年“型的时代”。

1947 年 2 月 12 日，巴黎蒙田大道 30 号，迪奥推出了他的首场时装发布会。发布会上所推出的女装有着强调女性胸腰臀的曲线设计：自然小巧的肩线、柔和纤瘦的袖型、饱满坚挺的胸部、被束腰收紧的腰肢以及像百合花瓣般展开的长及小腿中部的裙摆[①]，再配以造型简洁的帽子、长短不同的手套、低调的肤色丝袜与细跟高跟鞋（见图 2-5）。在场的众人的目光都被穿着 Dior 服装的模特曼妙的身姿所吸引：华美的服饰、整体梦幻般的造型让人们陷入对战前女性美好形象的回忆。当时在场的一位记者不自禁发出惊呼——亲爱的克里斯汀！这就是一种“新面貌”（New Look）！由此，“新面貌”诞生了。

图 2-5　新面貌女装

① 为了塑造花冠般散开的裙摆，这个系列的裙装使用了大量的布料来塑造曲线。

迪奥非常敏锐地捕捉到时代的需求：人们刚刚从战争的阴影中走出来，无论男人还是女人自身都想摆脱 20 世纪 40 年代前期那种夸张女性肩部的、军服风格的、硬朗的女性服装形象。而迪奥则打造了如花朵般娇柔的新的女性形象，这种新的曲线强化了女性的柔美与雅致——在对建筑独具兴趣的迪奥看来，衣服是“把女性肉体的比例显得更美的瞬间的建筑”，通过对服装的设计，他彻底重塑了女性的轮廓。自此开始，迪奥重新定义女性曲线的设计创新风格推动了时装界的革命，轰动了巴黎乃至整个西方世界。这场具有视觉震撼力的发布会对之后时装历史的发展产生了深远的影响，就像“新面貌”的命名一样，这个系列以及其后一系列的迪奥女装为女性带来了一种全新的面貌，树立了从 20 世纪 40 年代后期直至整个 50 年代的女性的高贵雅致的形象。

第四节　重塑服饰概念的导向设计师

一、亚历山大·麦昆

如果你对某件事情没有热情，那你从一开始就不应该去做这件事情。

——亚历山大·麦昆

英国设计师亚历山大·麦昆于 1969 年 3 月出生于伦敦南部的刘易舍姆区（Lexisham），他在孩童时期就立下日后要成为服装设计师的志愿，其父为普通的出租车司机，母亲曾做过教师，对历史非常感兴趣，这对麦昆以后的设计产生了深远的影响。“麦昆对于历史的热爱是他想象力的裁缝工作的灵感来源，而这些传统的技巧则把他与历史上那些为博·布鲁梅尔（Brau Brummell）、弗雷德·阿斯泰尔（Fred Astaire）和玛琳·黛德丽（Marlene Dietrich）做过衣服的伟大工匠们联系了起来——知识就是这样一代代传承下来的。”①

① 朱迪斯·沃斯．亚历山大·麦昆［M］．邓悦现，译．重庆：重庆大学出版社，2018：17–18.

他在16岁时离开学校，并成为萨维尔巷（Savile Row）裁缝服装店“安德森与谢泼德”（Anderson & Shepherd）的学徒。在这里，麦昆刻苦而自律，从塑性、裁剪到制作，掌握了英式传统服饰手工制作技艺，这为他日后设计那些或天马行空、或具有惊人曲线造型的服装打下了扎实的基础。20岁那年，麦昆为日裔设计师立野浩二（Koji Tatsuno）工作，随后他到意大利米兰为设计师罗密欧·纪礼（Romeo Gigli）工作。在这两位设计师工作室的经历为麦昆积累了丰富的设计和工艺经验，也被他融入设计中。比如，他曾将日本的和服袖（Kimono Sleeve）的造型运用于一款灰色礼服的设计上，引起人们对亚洲传统服饰的关注。

1992年，麦昆返回伦敦进入圣马丁皇家艺术学院（St. Martin's College）研读时装设计，其毕业设计作品获得了英国版*Vogue*杂志造型设计师伊莎贝拉·布罗（Isabella Blow）的欣赏。布罗认为麦昆善于从历史中汲取灵感，再结合时尚的元素并以艺术的语言对其进行结构和重建，从而创造出一个全新的、与时代紧密连接的新的形象。

麦昆分别于1996年、1997年、2001年及2003年度四次获得“英国年度最佳设计师”的荣誉。在首次获得这个奖项的1996年，麦昆成了纪梵希的首席设计师。

母亲乔伊斯（Joyce）以及伯乐布罗的去世使得麦昆如坠深渊，他最终选择在2010年2月11日——时装周的第一天于伦敦的家中上吊自杀，年仅40岁。

麦昆的设计风格多变，大胆、前卫、性感、高贵、反叛、强劲、纤弱——不同的风格特征充斥在他的不同系列中：

1996年，麦昆推出了超低腰牛仔裤（Bumster Pant），因其几乎至股沟的位置而使大众哗然而惊，这种大胆的创新设计赢得了年轻人的喜爱。麦昆2010年春夏季作品中让人难忘的设计之一就是刷新了新高度的摩天高跟鞋，这些具有不可思议的25厘米鞋跟的高跟鞋以金属作为支架，外面装饰以各种皮料，因其超出正常范围的高度而毁誉参半。

母亲着迷于追溯家族先祖的历史，在此影响之下的麦昆的设计超越了服装护体、审美等基本特性，观者可以从这些作品中体味到政治、宗教、战争以及社会变迁中的一些重要事件。比如其备受争议的 Highland Rape 系列，灵感来源于家族先祖在 18 世纪末所受到圈地运动的影响，被农场主从苏格兰高地驱逐而流离失所的历史：模特们身着被撕烂的饰有鸟羽的半透明蕾丝长裙，头部饰以鹿角，肩部饰以鸟翼，狼狈、美丽、柔弱而又坚定。

为了向自己的苏格兰祖先致敬，麦昆还发布过一个以苏格兰格纹为灵感元素的女装系列，把传统的面料以一种和时尚紧密相连的形式演绎了出来。

如前所述，麦昆生命中最重要的人是两位女性——他的母亲乔伊斯和伯乐布罗。麦昆尊重女性，他以自己的服装向那些坚强、勇敢而智慧的女人致敬，并希望那些暂时没有那么坚强的女性在穿上他的衣服之后能够坚强起来——不论她们是高是矮是胖是瘦，不仅仅是穿着衣服，更像是穿上了女性的“铠甲”。因此，他在一些服装的设计中引入了金属的元素。

麦昆在服饰的材料选择上也极具创意。比如动物的头部骨骼、动物的角、贝壳、稻草、鸟的羽毛，不一而足。此外，他还将蟒蛇与鲨鱼的皮纹肌理、古典油画作为图案，得到震撼人心的视觉效果。

亚历山大·麦昆无疑是一位天才的设计师，他的设计充满了戏剧性和天马行空的创意，既具有不能被轻易定义的多样性，又因其强烈的个人色彩而具有很强的辨识度。他的作品常以狂野的方式表达情感力量、天然能量、浪漫但又决绝的现代感，具有很高的辨识度。他似乎具有一种魔力，可以将完全异质而又相互矛盾的元素——比如纤柔与力量、传统与时尚、严谨与灵动等——天衣无缝地结合起来。此外，他的时装发布会也极具创意，比如表演场地中出现喷水池，或是舞台上“下”起大雪等，都是他的独创。发布会的现场表演也是他设计的重要组成部分，他希望观者在这里能够获得与参加摇滚音乐会时一样的、具有激情和动力的感受。

二、让·保罗·高缇耶

> 强有力的服装必须有内涵；它是映射社会生活的一面镜子。成功就是寻找机会表达你的理念，人们会赞同'没错，就是这样'，尽管在那之前他们未必有所感知。
>
> ——让·保罗·高缇耶

让·保罗·高缇耶，1952 年 4 月 24 日出生于巴黎附近的小镇阿尔克伊（Arcueil），外祖母是其日后重要的灵感来源，启发了他对时尚的兴趣，他曾说过："她让我意识到外观的重要性，因为外观和内心世界紧密相连；气度、姿态、言行举止是一个有机整体。"[①] 1970—1975 年，为设计师皮尔·卡丹工作，这为他日后成立自己的品牌奠定了基础。1981 年开设自己的精品店，2003 年，把自己品牌的 35% 股份出售给爱马仕（Hermès），并被聘为爱马仕品牌艺术总监。2014 年 9 月，让·保罗·高缇耶在巴黎时装周举办了 2015 年春夏女装发布会，这之后的高缇耶只专注品牌的高级定制业务和香水、配饰产品，以及一些与服饰相关的跨界合作项目。

被称为"时尚界坏小子"的高缇耶在设计上创意无限，多种元素的混搭、中西方元素的杂糅，都是他所擅长的。与麦昆相似，高缇耶同样具有天马行空的想象力，这种想象力被运用到服饰上就成为"不按常理出牌"的创意设计了。

高缇耶曾在全球巡展的个人作品展 *The Fashion World of Jean-Paul Gaultier：From the Sidewalk to the Catwalk* 中的作品集中体现了他的多元化的设计元素以及具有创意的设计组合（见图 2-6 和图 2-7）。在这个高缇耶的个人作品展中，我们可以看到宫廷、宗教、朋克、海洋、童话、人体（肌肉、骨骼、血液）、民族（中

① 诺埃尔·帕洛莫·乐文斯基．世界上最具影响力的服装设计师［M］．周梦，郑姗姗，译．北京：中国纺织出版社，2014：76.

国、蒙古、西班牙）等丰富而异质的元素：比如其中的海的女儿的系列，鱼尾的托裙廓形、水草般的印花、鱼鳞般的弧线边缘、珊瑚造型的手臂装饰；比如海魂系列，把蓝白相间的长袖海魂衫设计成一件长裙，腹部以下装饰有蓝白相间的、一圈圈的穗饰；比如人体系列，将人身体的肌肉和血液作为图案印在包身的衣服上；比如朋克系列，将军服风格和朋克元素进行碰撞，打造出不一样的“朋克风”；比如民族风格的系列，以中国丝绸绣花长裙搭配尼泊尔皮帽、中国传统刺绣装饰的过膝长靴配以军服风格的上衣；比如宗教系列，以针织的方式将圣婴的形象织进具有浪漫主义风格的长裙上。

图 2-6 *The Fashion World of Jean-Paul Gaultier：From the Sidewalk to the Catwalk* 展览

图 2-7　展览作品

对元素的解码、拆分、混合和重新建构是高缇耶进行创新的重要手段——他善于对多种元素进行混合手法的设计，元素的杂糅与混搭毫不费力又碰撞出一种新的设计感觉。在这个设计过程中，独特的幽默感又为设计作品增添了些许诙谐的力量。

高缇耶还尝试以服装来重新建构两性的世界，最为典型的是其为麦当娜（Madonna Ciccone）1990 年的全球巡回演唱会所设计的“尖胸装”。灵感来源于古代的紧身胸衣，胸部做出了圆锥形的塔状突起，金色闪光面料突破了内衣的低调特性，将穿着者的锋芒与光芒演绎得淋漓尽致，成为服装史上最为经典的“内衣外穿”案例。这件象征着女性力量的、如铠甲一般的外穿式内衣在某种层面上来说是对 20 世纪 90 年代女性解放的注脚，因而其创意在服装的发展史上具有划时代的意义。这种尖胸的设计在 2008 年又被高缇耶运用到春夏系列中的新娘婚纱上，为原本浪漫的婚礼服增添了几许危险的意味。他的服装不仅仅强调女性的性征，如何以衣服来表达男性，同样是高缇耶思考的问题。他曾在男装中加入女装的元素，或是让男模特穿上刺绣或蕾丝的裙子，他认为我们应该重新审视对于男女服装的分界——正如女性有展示自己力量的权利一样，男性同样有展现自己弱点的权利。关于如何以衣服表现女性，设计师们已经做过了太多的尝试，而对于男性，我们做得还远远不够。

高缇耶的设计思维同样体现在相关产品的设计上，比如他的“Classique”香水，除了其独特的香氛外，香水瓶的设计也非常有趣，瓶身是具有女性诱惑力的女人体造型——在不同的版本里穿着不同的紧身胸衣。高缇耶还为很多电影设计戏服，其中最为著名的当属科幻电影《第五元素》（*The Fifth Element*）。

第三章 服饰史上的文化创意思维

本章是回望服饰史上的文化创意思维，
以具体的案例入手，
分别从中国古代服饰史上的文化创意思维、
西方近代服饰史上的文化创意思维、
现代服饰史上的文化创意思维三个层面，
对历史上与今天那些具有代表性的服装创意思维进行分析。

第一节　中国古代服饰史上的文化创意思维

一、文质彬彬，然后君子

在中国传统文化中，人们对于“君子”非常看重，那君子的形象究竟是怎样的呢？“文质彬彬”也许是对其最佳的诠释。“文质彬彬”一词出自《论语·雍也》，子曰：“质胜文则野，文胜质则史。文质彬彬，然后君子”。

“孔子在认定服饰要讲求形式美的同时，针对‘君子’的个人修养又提出形式与内在的关系。”[①] 孔子对君子的形象着眼于适度上。这里的“质”指的是内在的道德品质，而“文”指的是外在的文饰。孔子认为，内在的品质胜过了外在就会流于粗野，而外在的文饰胜过了内在的品质就会流于虚浮，而内在与外在的相和谐相匹配的“彬彬”，才是君子所应该有的形象。在孔子这里，“文”与“质”要和谐，“文”与“质”两个层面不可偏废，“文胜质”和“质胜文”的两种趋向都是不适宜的。

① 华梅．服饰与中国文化［M］．北京：人民出版社，2001：36.

在《论语·颜渊》中记载有一个叫棘子城的人对“文”与“质”的看法，“棘子城曰：‘君子质而已矣，何以文为？’子贡曰：‘惜乎！夫子之说君子也，驷不及舌。文犹质也，质犹文也；虎豹之鞟犹犬羊之鞟也’。”从这段话中，我们可以得知棘子城认为君子只要具备内在的修为，没有必要注重外在的文饰。但孔子的弟子子贡说，内在如果可以代替外表的修饰，那么虎豹在去掉皮毛之后就看不到区别了，甚至与去掉皮毛的犬羊难以分别了。从中可以看出以孔子为代表的儒家认为外在形象对一个人整体形象的重要性。[①]

《论语·乡党》中也有对服饰的材料质地、款式、颜色、穿着季节与穿着场合的描述，钱穆先生认为此节所记载的是孔子的衣服之制，体现了儒家对以服饰来修饰的人的外在的重视：“君子不以绀緅饰，红紫不以为亵服。当暑，袗絺绤，必表而出之。缁衣，羔裘；素衣，麑裘；黄衣，狐裘。亵裘长，短右袂。必有寝衣，长一身有半。狐貉之厚以居。去丧无所不佩。非帷裳，必杀之。羔裘玄冠不以吊。吉月，必朝服而朝。”其意为：“君子不用青紫或黑红颜色的布镶衣边，不用红紫色的布做平常穿的衣服。夏天穿粗或细的葛布单衣，但出门一定要加穿上罩衣。黑色羔羊皮袍，配黑色罩衣。白色鹿皮袍，配白色罩衣。黄色狐皮袍，配黄色罩衣。平常在家穿的皮袍做得长一些，右边的袖子短一点。睡觉一定要有睡衣，要有一身半长（及膝）。用狐貉的厚毛皮做坐垫。丧服期满，脱下丧服就可以佩带各式玉器饰品。如果不是礼服，下裳一定要加以剪裁。不穿着黑色的羔羊皮袍和戴黑色帽子去吊丧。每月初一,一定要穿着礼服去朝拜君主。”

此段论述的一些细节是古人对服饰创意思维的体现，如色彩的选择——“君子不以绀緅饰，红紫不以为亵服”，这种对色调的选择又如色彩的和谐——“缁衣，羔裘；素衣，麑裘；黄衣，狐裘”即是黑色、白色与黄色的皮毛要搭配同色的罩衣；再如不对称设计——“亵裘长，短右袂”，说的是家居所穿的皮衣为了保暖，设计得要长一些；为了便于做事，衣服右边的衣袖要设计得

① 华梅，周梦．服装概论［M］．北京：中国纺织出版社，2009：80.

短一些，这种不对称的设计具有很强的实用意义等。在今天我们读来，都很有启发意义。

二、天人合一

“天人合一”，或称“天人合德”“天人相应”，“‘天人合一’是中国儒家和道家的传统哲学思想。对古代中国服饰形制的形成起到了主导作用”。[①]“天人合一”的思想最早由春秋战国的孔子提出，汉朝董仲舒引申为天人感应之说，程朱理学引申为天理之说。宇宙自然是大天地，人则是一个小天地。人和自然在本质上是相通的，故一切人事均应顺乎自然规律，达到人与自然和谐。老子说：“人法地，地法天，天法道，道法自然。”“天人合一”就是与先天本性相合，回归大道，归根复命。

“天人合一”是中国传统哲学的一个基本命题，也是中国传统文化的一个基本精神。无论是儒家哲学，还是道家哲学，都以自己的思维方式推崇“天人合一”的思想境界。钱穆先生认为“天人合一”思想是整个中国传统文化思想的归宿，季羡林先生也认为“天人合一”这个中国古代哲学主要基调的思想是一个非常伟大的、含义异常深远的思想。“天人合一”渗透到审美和艺术领域，影响了中国古代的美学和艺术。

“天人合一”的思想源于易学中的“阴阳五行”观念。《易经·文言》中提到“夫大人者，与天地合其德，与日月合其明，与四时合其序，与鬼神合其吉凶，先天而天弗违，后天而奉天时”，即是说大人的德行，要与天地的功德相契合，要与日月的光明相契合，要与春、夏、秋、冬四时的时序相契合，要与鬼神的吉凶相契合。在先天而言，它构成天道的运行变化，那是不能违背的自然功能。在后天而言，天道的变化运行，也必须奉行它的法则。无论先天或后天的天道，尚且不能违背它，何况是人呢？更何况是鬼神啊！人们在造物活动中效法天地之道，遵照自然运行的法则来创物、造物，在遵循客观规律的前提下发挥人的

① 华梅．东方服饰研究［M］．北京：商务印书馆，2018：37.

主观能动性，实现“天人合一”——即人与自然的统一。

在天人合一价值成就系统中，天人合一是描述了事物的矛盾变化以及反应进程与指向的观察工具、思维模式。天与人各代表了万物矛盾间的两个方面，即内与外、大与小、静与动、进与退、动力与阻力、被动与主动、思想与物质等对立统一要素。

以“天人合一”为基础的“整体意识”一直贯穿于中国传统美学的始终，因此，古人在审美上多保持“整体的和谐”。“天人合一”的哲学思想反映在古代服饰中，赋予服饰造型、色彩、图案等特定的寓意，象征着天地之德和人伦道德，以此来表达古人敬天、顺天、法天和同天的愿望。尽管中国古代历史上朝代更迭频繁，但“天人合一”的思想一直贯穿漫长的岁月。服饰被作为一种手段，来调整人与自然的关系，并在此基础上调整人与社会的关系。中国传统服饰俨然就是人与着装者相和谐的艺术品。

在此思想体系之下，服装注重表现人的精神、气质与神韵，在服饰中有意弱化人体，掩盖人体，没有像西方那样那么强调性别的差异，甚至在一些特定时期，衣服特别博大，人体甚至“湮灭”在宽衣博带之中。

从 13 世纪开始，西方服饰中加入了“省道”，从而改变了服饰的外观结构；而我国一直到清代都遵循平面裁剪的方式，从而使服装在外观上看来更为整体。

古人的“天人合一”思想对今天的设计师也有着很大的借鉴意义。如“天意梁子”品牌，这是梁子公司旗下的重要时装品牌。在公司创始人之一、设计总监梁子的指引下，“天意梁子”视原创设计为灵魂，将“平和、健康、美丽”的品牌理念，与中国文化精髓“天人合一”的和谐境界，贯穿于天意服装设计开发的各个环节之中，“天人合一”体现在服饰的宽大、飘逸、含蓄的美中，追求的是云游天地、不拘一格的风格。

在“天意”品牌中，“天人合一”的第一含义是人与自然的和谐相处，第二含义是“天意”和“天意人”合为一体，这既是“天意”品牌的设计理念，也是梁子公司的经营理念。

三、魏晋风度

在中国历史上的魏晋时期，有一批非常著名的文人，他们以竹林七贤为代表，为了显示他们独特的思想理念，以不拘一格的穿着方式展现在世人面前：如袒胸露怀，披发跣足，甚至“幕天席地”——以天为幕，以地为席。尽管不为社会道德标准所尊崇，但他们依然风流自赏，认为这才是其独有的风度。这种被我们后世称为“魏晋风度”的行为，就是他们所追求的思想精神在穿着上的体现。

魏晋南北朝，是中国历史上一段战乱频频、生活动荡、政治形势多变、民众流离失所的时期，在这种纷乱的形势下，无数满腹才华的士人空怀报国之志而无法实现自己的政治理想，只得终日饮酒、奏乐、行散、吞丹、谈玄，借此来宣泄被压抑的个人情怀。现实的不得志以及释道思想的影响，使得一些士人开始产生出世的思想，即崇尚老庄，向往庄子那样的“逍遥乎山川之阿，放旷乎人间之世”，于是“玄学”和“黄老”思想占统治地位，一些在仕途上失意的文人开始追求简约玄澹、超然绝俗的美学思想。在这个时代，无论哲学、宗教又都达到了一个新的高度，无疑是一个思维活跃的时期。这个时期士人的服装并没有按照服装发展的“正常”轨迹进行，而是根据自己的出世心理产生了与此相对的审美倾向，以一些日常行为，包括着装行为去有意违抗汉以来一统天下的儒家礼仪规范，在服装上极力制造出一种超凡脱俗的味道，从外观上来显示自己的与众不同。

以“竹林七贤”（阮籍、嵇康、山涛、刘伶、阮咸、向秀和王戎）为代表的文人士大夫“任情放达，风神萧朗，不拘于礼法，不泥于形迹”，他们放旷不羁，常于竹林下酣歌纵酒。他们的服装以长衫为主，有着宽大的袖口，还常常袒胸露怀。受到佛教“秀骨清像”风格的影响，魏晋时期的服装趋于宽博，即使不行走，一阵风吹来，也宛如神仙下凡。这种超脱是反传统的，直接违反儒家的着装规范，在中国古代形成一种独特的褒衣博带的服装现象。

此时期的服装一是以衣裳博大为美，即所谓褒衣博带，《晋书·五行志》载："晋末皆冠小而衣裳博大，风流相仿，舆台成俗。"《宋书·周郎传》记："凡一袖之大，足断为两，一裾之长，可分为二。"《世说新语·容止》记述："庾子嵩长不满七尺，腰围十围，颓然自放。"另外，《颜氏家训》等书中也记录下了当时士人均好褒衣博带、大冠高履或小冠高齿屐等服装形象。

二是以衣冠不修为美。《抱朴子·刺骄篇》称："世人闻叔鸾与阮嗣宗，傲俗自放……或乱项科头，或裸袒蹲夷，或濯脚于稠众。"《晋记》载："谢鲲与王澄之徒，摹竹林诸人，散首披发，裸袒箕裾，谓之八达。"《搜神记》写道："晋元康中，贵游子弟，相与为散发裸身之饮。"《世说新语·容止》中记载："裴令公（裴楷）有俊容仪，脱冠冕，粗服乱发皆好，时人以为玉人。"散发，箕坐，是直接违背儒家礼教的，魏晋士人故意为之，以示不拘礼法，傲俗自放。《世说新语·任诞》中还记有这样一件事："阮仲容、步兵居道南，诸阮居道北。北阮皆富，南阮贫。七月七日，北阮盛晒衣，皆纱罗锦绮。仲容以杆挂大布犊鼻裈于中庭，人或怪之，答曰：'未能免俗，聊复尔耳！'"阮籍虽口中说"未能免俗"，实则以竹竿挑起粗布大三角裤衩，这种关于服装的行为本身，即是对绫罗绸缎，对富有，对摆阔，进而对儒家礼俗的讥讽。

粗服乱头能被赞誉为玉人，这是对儒家"文质彬彬，然后君子"之说的挑战，同时又是对道家"圣人是以被褐怀玉"的肯定、发展和诠释。解衣当风，常被后代文人奉为洒脱之举，特别是未入仕途或失意文人正是借助于魏晋士人的服装观，表现出对倜傥风流的追求。以上种种都是魏晋时期人们对自身服饰的"设计"。[①]

① 华梅，周梦．服装概论［M］．北京：中国纺织出版社，2009：66.

第二节 西方近代服饰史上的文化创意思维

一、身体的解放

如前文所述，从 13 世纪开始，“省”出现在西方服饰的结构中，从此中西服装的造型开始有了分水岭般的区别。自此开始，西方的服装结构越来越复杂，更多的衣片塑造出更为合体的服装。但人对于完美的追求是没有止境的，在服装发展的历史上，为了达到对“理想中的美”的追求，人们对自身的完善无穷无尽，于是紧身胸衣与撑架裙应运而生，而伴随此而来的就是西方服装发展史中“人”与“衣”的对抗的顶峰。比如，紧身胸衣可以塑造 13 英寸（约合 33 厘米）的腰身（见图 3-1）；再如，撑架裙最极致的宽度达到了现代人无法想象的 4 米。

图 3-1　紧身胸衣所塑造的 S 型曲线

在紧身胸衣的禁锢下，女性有着被高高托起的胸部，收紧的细腰以及挺直的背部；而撑架裙则使得女性的下肢以不同的造型膨大化——这与裙撑的不同造型相关：钟型、鸟笼型、轮胎型……

随着人们对服装观念的改变，撑架裙先从历史的舞台上消失，接着就轮到了紧身胸衣：19 世纪末 20 世纪初，随着女性地位的提高，西方妇女们开始从传统的性别角色中解放出来，她们可以旅行、骑马、打球、游泳，并从事一些正式的职业。生活方式的改变使她们迫切地希望摒弃束缚身体的紧身胸衣。

1900 年，法国妇女萨鲁特创造了保障女性生理正常发育的胸衣，这种胸衣被称为“健康胸衣”，它的作用只是给胸部支撑的力量，其作用并不像之前的紧身胸衣一样束紧腰部。

1914 年，第一次世界大战爆发，战争使妇女的服装朝着方便、适体和便于活动的方向发展，于是曳地的女裙开始缩短。1918 年后，女裙又进一步缩短，大概到小腿的位置。而到了 1925 年，裙长甚至缩短到膝盖处，“S”型的曲线也不被强调了，再也没有弯曲的线条了。设计师夏奈尔设计了无领对襟毛衫与裙子的套装，这些款式使束紧的腰部得到了放松。而流行于整个 20 世纪 20 年代的筒子型的女装比之前任何一个时期都彻底地解放了女人的腰部。这种对身体的解放是服装向女性地位改变的致敬，有着非常重要的意义。

二、设计的加法与减法

“加法”与“减法”是我们生活中常常出现的名词，加则多，减则少。而将“加法”与“减法”应用在服装设计中，就是在设计元素的应用中对量的把握问题。

服装设计中的“加法”一般是用较多的元素展开设计的方法；服装设计中的“减法”则是将设计中不明确的或者可有可无的元素尽可能地进行删除的设计方法。

“加法”有利于丰富主题，对于积累设计经验、充实素材和不断更新、启动灵感产生非常有益。但把握不好则容易使主题不明确、风格个性不突出。因此，运用“加法”设计关键在于如何把握一个“度”；“减法”设计并不是一切从简，不是简单，而是在不断扬弃的过程中去粗取精，使主题与格调突出。因此，运用“减法”设计的关键也在于如何把握一个“度”。综上所述，对“度”的把握是服装设计中的“加法”和“减法”是否能顺利进行的关键。

乔治·阿玛尼的时装设计优雅含蓄，大方简洁，他曾这样说过：“我的设计遵循三个黄金原则：一是去掉任何不必要的东西；二是注重舒适；三是最华丽的东西实际上是最简单的。”这使其在造型上没有衬里和张扬结构线条，不拘于正式和非正式的休闲衣着装扮，并以简单的轮廓、宽松的线条与柔美、非结构性款式，改变了传统男装女装的风格。在两性性别越趋混淆的年代，服装不再是绝对的男女有别，乔治·阿玛尼即是打破阳刚与阴柔的界线，引领女装迈向中性风格的设计师之一。

阿玛尼时装多采用“无色彩”的黑、灰、米等色调，风格高雅、含而不露。他的时装初看似乎貌不惊人，但当你细细品味时却被他的那种高雅、庄重、洒脱的风格吸引。阿玛尼把传统的高级、豪华服装加入了新的元素，使传统面貌一方面能够保持高贵感、矜持感，另一方面表现出优雅、简单，追求高品质而不炫耀。

减法设计不是简单或简陋的设计，而是去除一切不必要的装饰和技巧，以呈现出对象最接近本质的纯粹和精华。简约而不简单，背后包含着深层复杂的思考及精准的计算，以实现形式与功能、设计与素材、物质和精神的精确平衡。极简主义在某种程度上与东方哲学思想有共通之处。

在希腊神话中，美女美杜莎（Medusa）因为与智慧女神雅典娜比美而被变成了一个女妖。这个女妖顶着一头发尖是蛇头的长发，而与她对视的人类都会变成一尊石像，因此，“美杜莎”代表了致命的吸引力，成为神秘魅力的象征，而享誉世界的意大利著名时装品牌范思哲就是以梅杜莎的头像作为品牌标识的。范思哲品牌与美杜莎相似，都有着一种神秘莫测的、具有震慑性的魅力，仿佛观者多看几眼，就会被它美艳的力量所“击中”。

范思哲的服装热烈、时尚、妩媚而充满女人味，色彩艳丽，用色浓烈大胆，以金、黑、红等色为主，花纹华丽繁复，具有浓郁的意大利风情。范思哲把古典贵族的奢美华贵和现代时尚的热烈性感紧密结合，他的设计风格非常鲜明：华丽、性感、奢华而充满活力，他的设计具有宝石般绚烂的色彩，与人体最为贴合的流畅线条。他用色彩绚烂的华丽面料和斜裁的裁剪方式，强调突出女性的身体曲线和性别特征。无论是从色彩、面料、款式上来看，加法的设计理念贯穿始终。

三、服装支点的改变

从 20 世纪初的保罗・波烈开始，吸取东方民族化元素进行设计似乎成为西方许多著名设计师乐此不疲的游戏：20 世纪初，俄国芭蕾舞剧在巴黎公演，其服装色彩浓艳、面料轻透，充满了奇妙的东方风情。保罗・波烈深受启迪，推出了一系列具有东方风格的服装，其中“蹒跚裙”（Hobble Skirt）成为那个时代的时尚标志。此后，波烈又推出了具有异域色彩的“孔子大衣”“土耳其式裤子”等，为一直以来的纯西方设计风格带来了一股清新的风。

在波烈之前，女性服装的一个着重点在腰部——腰部连接上半身与下半身。束紧的腰部可以胸部显得更为丰满、臀部更为丰润，由此才有“蜂腰”的说法。

如前所述，19 世纪末 20 世纪初，西方女性开始放松身体，其中一个标志性的转折点就是摈弃了紧身胸衣，而这个关键性的设计师就是保罗・波列。保罗・波列拿掉了束缚女性几百年之久的紧身胸衣，他提出女性服装的支点在于肩部而不在于腰部的具有划时代意义的论述。在这个理论基础之上，他设计出了放松腰部只在膝盖处前开衩的“蹒跚裙”，肩部对于女性服装比之前任何一个时期都有着更为重要的意义。

第三节　现代服饰史上的文化创意思维

一、创新与妙用

（一）改变服装观感的斜裁

被很多当代设计师推崇的玛德琳·维奥奈是一位具有真正创新思维的设计师，由其首创的“斜裁”法（Bias Cut）至今仍影响着一代又一代的设计师，被誉为“斜裁大师”。维奥奈与夏奈尔、夏帕瑞丽一起，被誉为20世纪二三十年代的三大女性时装设计师。

她所设计的三角背心式晚礼服、尖底摆的手帕式裙子、装饰艺术风格的刺绣都引领了所处时代的流行。与保罗·波烈一样，她也摈弃了束缚女性的紧身胸衣以使衣服的外部轮廓更为自由——维奥奈的设计强调女性自身的身体曲线，反对以紧身胸衣塑形来创造具有人为廓形的方式。克里斯汀·迪奥曾如此评价：“玛德琳·维奥奈发明了斜裁法，所以我称她是时装界的第一高手。”

维奥奈的名言是："当女子笑的时候，服装也应和她一起笑"（When a woman smiles, her dress should smile too!），她是以一颗珍爱女性的心去创造服装的。"创意"是她设计中的一个关键词："她第一个把流苏独立固定在服装上，从而使流苏更具有动感。"[①] 她创作时不画设计图而是直接将面料放在木头人偶上进行围裹，因而其服饰具有很强的立体感与流畅性。她的设计受到装饰艺术风格与东方艺术风格的影响，具有装饰艺术风格的元素与日本和服元素都曾经出现在她的不同作品中。

维奥奈是一位低调而含蓄的女性，但这位较为内向的设计师非常注重思考，她在巴黎卡洛姐妹（Callot Soeurs）时装屋以及杜塞时装屋（Jacques Doucet）工作多年，积累了丰富的经验。维奥奈还非常擅长从其他领域获得养分：伊莎多拉·邓肯（Isadora Duncan）衣缕飘飘的现代舞、古希腊古罗马盛器上衣物自由浮动在身体周围的人物形象都予以她灵感，于是她决心对服装进行新的设计构思（见图 3-2）。

① 冯泽民，刘海清 . 中西服装发展史（第 2 版）［M］. 北京：中国纺织出版社，2012：308.

图 3-2　维奥奈的设计作品

玛德琳·维奥奈于1920年推出了“斜裁”的裁剪方法 。在此之前，面料都是采用直向裁剪的方式，因此没有什么弹性，而采用45° 对角裁剪的斜裁法最大限度地发掘了面料的伸缩性和柔韧性，以此方法裁剪的面料具有自然垂坠的特点，在“人”与“衣”之间形成了一定的空间，使衣服仿佛第二层肌肤般服帖轻盈，能够随着身体的活动而变化。维奥奈所设计的斜裁服装的特别之处还在于其仅运用斜纹面料的弹性即能轻易地穿脱，而不是用传统的纽扣和别针等物来系结。斜裁的裁剪方式不仅使女性具有更好的穿着感受，还以一种自然的方式突出了女性曼妙的曲线，在时尚界取得了巨大的成功。

（二）内衣外穿

回望服装发展的历史，无论东方还是西方，在服装的穿着上都有着不同时代、不同地区的规定与规矩，而内衣作为一种非常私密的服装类型一直是秘不示人的。这种局面在20世纪有了很大的转变——以前只穿在人们外衣之内的衣服被拿来作为外衣来穿着了，T恤衫与让·保罗·高缇耶的“尖胸装”是两个经典的案例。

T恤衫原来是法国军服的内衣，还有一种说法是它来源于美国马里兰安纳波利斯的码头工人的工作服。1951年好莱坞出品了一部由著名影星马龙·白兰度（Marlon Brando）和费·雯丽（Vivien Leigh）联袂主演的电影《欲望号街车》（*A Streetcar Named Desire*）。这部斩获第24届奥斯卡最佳女主角、最佳女配角、最佳男配角、最佳黑白片艺术指导等多个奖项的影片取得了巨大的成功。片中穿着牛仔裤和紧身白T恤的白兰度所扮演的男主角散发着一种近乎粗野的男子汉气概，迷倒了万千影迷，而白T恤衫的外穿方式也因此而流行开来。随着影片的播放，以前只作为内衣的白T恤被作为外衣在商店出售，成为内衣外穿的一个经典时刻。

20 世纪初，伴随着弹性织物在服装中的广泛应用，内衣变得越来越舒适且适宜贴身穿着。1922 年，接近我们现代胸罩的内衣被推出。1946 年，一位名叫刘易斯·里尔德的法国人推出了胸罩和三角内裤的著名组合，它被冠以于同年爆破原子弹的岛名——“比基尼”（Bikini），由此可见其在当时所产生的巨大震撼力：比基尼只能遮住女性身体上关键的三个点，如此大胆又如此性感的衣服确实可成为时尚界的一枚“原子弹”。

与比基尼多在海滨等特定环境穿着不同，1990 年将内衣进行夸张造型而设计的“尖胸装”则是在众目睽睽的演唱会上闪亮登场：歌星麦当娜穿着时尚顽童让·保罗·高缇耶设计的尖胸装在她的巡回演唱会上高歌《物质女孩》（*Material Girl*），从而掀起了一股强劲的内衣外穿时尚潮流。之后，各大牌设计师纷纷推出自己的内衣外穿风格：有维维安·维斯特伍德的宫廷内衣风格；有夏奈尔（Chanel）、迪奥（Dior）等品牌的轻薄蕾丝内衣透视装。随后，这股秀场上的内衣外穿风又吹入寻常百姓家，无论是东方还是西方，女性们以各种方式将内衣或近似内衣的服装穿到了外面。

二、思潮与风尚

（一）包豪斯设计思维对服饰的影响

包豪斯（Bauhaus）是一所设计学校，1919 年成立于德国的魏玛，在它存在的短短 14 年间，其设计理念在世界范围内产生了重大的影响，并延续至今。它强调设计应该为大多数人服务，并特别提出了“实用性”的原则。这与 20 世纪二三十年代女装逐步开始重视功能性的设计理念是不谋而合的。

包豪斯虽然只存在了 14 年，但它对艺术、建筑和设计都产生了深远的影响。形式与功能的完美统一是包豪斯运动的基本理念，虽然当时在世界范围内出现了许许多多的设计运动，但是这一基本理念却始终贯穿了现代主义建筑设计的发生、发展和最终走向衰败。从那时候起，包豪斯的简洁造型、理性线条以及几何图案的经典运用就在设计师和艺术家中引发了广泛的共鸣。在设计理论上，包豪斯提出了三个基本观点：①艺术与技术的新统一；②设计的目的是人而不是产品；③设计必须遵循自然与客观的法则来进行。这些观点使现代设计逐步由理想主义走向现实主义。

包豪斯运动的创始人格罗庇乌斯主张将艺术与手工艺相结合，提倡使用现代化的材料，这一理念深刻影响了当今的时装设计师们。

包豪斯设计理念中对于几何图形的灵活运用，建筑风格上表现出来的对于水平线，垂直线以及正方形和矩形等元素的运用被尝试运用在服装造型上。设计师伊夫·圣·洛朗受画家彼埃·蒙德里安创作于1930年的《红、黄、蓝的构成》（*Composition With Red Blue and Yellow*）的影响，于1965年推出了著名的“蒙德理安裙”（robe Mondrian）系列，以抽象几何为特色，整体造型设计运用了简洁的线条和抽象的几何图形，并且搭配一定色彩比例的大面积色块。这种冷抽象几何式的服装色彩造型，除了服装本身所带来的强烈视觉冲击效果之外，还留给人们极大的想象空间。

宽松直筒连衣裙发展于现代主义建筑设计运动的高潮期，它不仅令妇女们摆脱了紧身内衣的束缚，同时还形成了一种新的设计轮廓，为之后的太空风和未来设计奠定了基础。直筒连衣裙笔直的轮廓于2010年开始在T台上大肆活跃，设计师汲取了20世纪初和60年代的建筑设计理念，忽略腰部的曲线，运用了新的设计手法和新颖面料，对这种简洁廓形进行了深入的创新设计，如2010年春夏Bottega Veneta采用的无肩带款式颇显简约。

与纯粹的功能主义不同，受包豪斯设计理念影响的服装设计所追求的是形式上的审美和工业化的功能性并行的原则，因此在服装设计当中体现出来的是对于无用装饰的舍弃以及必须功能的强调和放大化。这里的功能性并不仅仅是指服装本身的服用性，还有服装的穿着舒适性，同时还要考虑的是设计时所带来的经济效益和社会效应。

包豪斯设计思维对服饰的影响使服饰不再以形式为设计的出发点，强调功能为设计的重要目的，讲究设计的科学性，重视设计实施时的科学性、方便性与经济效益。结合人体工程学，强调以人为本，重视产品的舒适度与实用性。这些理念影响了包括夏奈尔在内的20世纪中期很多著名的导向设计师。

（二）亚文化与服饰风格的改变

亚文化又称集体文化或副文化，指与主流文化相对应的那些非主流的文化现象，即在主文化或综合文化的背景下，属于某一区域或某个集体所特有的观念和生活方式。一种亚文化不仅包含着与主文化相通的价值与观念，也有属于自己的独特的价值与观念。

亚文化的兴起是受第二次世界大战形成的“婴儿潮”（Baby Boom）的影响。20世纪50年代，这一波婴儿潮出生的孩子成长为青少年，“Teenage”开始成为文化的一种重心，也因而促使“年轻文化”（Youth Culture）时代的到来。20世纪60年代，这个阶段在西方被喻为是“反文化”（Counter Culture）的年代。“年轻文化”“大众文化”（Pop Culture）是其重要特质。

在亚文化的影响下，涌现出很多自成一格的年轻次文化团体，他们将他们的人生观、价值观外显于他们的服饰之中，其中具有代表性的有嬉皮士风貌、摇滚派风貌、朋克风貌等。

“嬉皮士”是英文单词Hippy的译称，这是一种在20世纪60年代产生于美国旧金山的次文化。

“嬉皮士”一词源于反叛文学家诺曼·梅勒1957年发表的《白色的黑人》一书，书中的主人公嬉皮史特是一个对当时社会充满憎恶的年轻人，后来人们就将“嬉皮士”作为这一代充满反叛情绪的青年的代名词。嬉皮士反对并且拒绝社会传统的标准与习俗，他们公开蔑视主流文化，以嘲弄和打破传统的社会道德与价值观为乐。他们反对一切正统的事物，宣告对主流社会和占统治地位的价值观的不满。

服装是嬉皮士向外界宣战的一个武器，并因此而开创一种独特的时装风格。嬉皮士穿有洞的、破烂的、怪异的服装，其中一个重要的代表性单品就是牛仔裤，他们在牛仔裤上印花、刺绣和打补丁，从而形成自己的独特风格；在造型上，牛仔裤在膝盖以上都非常紧身合体，而从膝盖以下就开始放松而长及脚面，走起路来拖拖沓沓。他们颠覆了传统男性服装必须具有阳刚之气的观念，带动了中性服装和通俗服装的流行。

“摇滚派”风格是20世纪60年代最盛行的几种亚文化之一，它将摩托车与摇滚乐糅合起来，具有代表性的典型服装是皮夹克。上面缀满纽扣的黑色皮夹克，可能画着骷髅和刀子，搭配裤脚收紧的蓝色牛仔裤和深色的尖头皮鞋，皮流苏和金属链子是服饰上的小细节。

“朋克”是20世纪70年代西方最具影响的文化势力之一，朋克一族几乎是反时尚的代名词，他们把狂暴与黑暗集于一身，他们所崇尚的如恶俗文化、身体穿刺等一般人是很难接受的。朋克风貌出现于20世纪70年代末期的伦敦，与20世纪六七十年代的嬉皮士、摇滚乐有着千丝万缕的联系。因为喜欢用人为的方式把衣服撕裂再用大号安全别针别起，所以朋克的服装经常是开线、抽丝和破烂的，并缀满亮片、大头针、拉链等，黑色皮夹克、黑色紧身裤与有金属饰扣和拉链的牛仔裤是他们比较多见的款式。朋克风貌的女装一般是由紧身裤、面料撕裂的裙子和皮靴组成，还喜欢用粗粗的金属链绕在颈项上作为装饰。造型独特、彩色染色的头发，如黄色、红色、绿色、紫色等突兀的颜色最为常见，也是他们的标志之一。①

① 华梅，周梦．服装概论［M］．北京：中国纺织出版社，2009：28-32.

第四章
服饰文化创意的灵感源泉

本章对服饰文化创意的灵感源泉进行梳理，
以具体的案例分别从
“美与生活”“思潮涌动”“民族与世界”“创意与宣传”
四个不同的维度对服饰文化创意的灵感源泉进行梳理。

第一节　美与生活

一、服饰与美

在 20 世纪中期以前，服装最初的作用都是与“美”相关的，无论中外服装发展的历史，对美的追求、对达到最美的形象的追求都是人们对服装不断创新的内在驱动力。

在一般情况下，生活在一定区域的人们因为历史传承、生活环境、风俗等因素具有相近的审美趋向，一件衣服或一件佩饰品，只要是在正常场合下穿着，都要首先表现出美来。即使是最一般的服装，也要在尽可能的条件下考虑到审美价值。如是否具有鲜明的性别特征与体态匀称的特色，以满足着装者和着装形象受众两方面的审美需求；是否符合时代潮流，以达到与时代意识、时代风格同步的目的；是否能够激发起人的最大限度的审美感受等。服装设计实质上是审美心理的集中表现，其中包括多种成因。

服装审美的一般规律，是首先突出其个性特征的。服装审美中所要求的个性特征，首先表现在性别上，其次才是年龄、民族等方面。因为从审美意识和审美趣味来看，人们对服装的笼统的、直接的审美感受，自然首先落在人的本身，即男性服装形象美和女性服装形象美，是最容易产生，也最容易被理解、被感受到的。

对于任何艺术来说，只具有个性是不够的，还必须有共性。艺术作为一种审美活动当然是最富于个性的，但任何一位艺术家都只能作为一定的社会中的人存在，任何一种艺术活动也就只能作为一定的社会现象而存在。这种艺术个性与共性的矛盾统一表现在服装创作中就集中到一个焦点上——时代潮流。

作为艺术品，服装能不能激发设计者、着装者和着装形象受众三方面最大限度的审美感受，是对设计者更高层次的要求。服装作品体现鲜明的个性特征和符合潮流这两点如果是必须做到的话，那么激发起人的最大限度的审美感受这一点，则不是所有设计者都能够做到的。

要想在服装设计中创造美，无疑要寻求服装形象美的规律，在造型、色彩、纹饰以及组构（即配套）上符合人们的审美习惯，还要关注到时空的概念与特征。总之要以客观美的总和，以最为普遍而又最为稳定的审美观念的物化形态，去激发人对服装形象的最大限度的审美感受。因此有一个对于设计者来说至关重要的问题，就是设计者不能仅从个人主观的审美趣味去设计服装，而不顾着装者和着装形象受众的审美观念，同时又不能完全迎合社会一般审美观念的潮流而失去创造个性。

二、“新样式”与新生活

“新样式”（New Look）是设计师克里斯汀·迪奥于 1947 年 2 月 12 日在法国巴黎推出的一个女装系列。

这个系列的女装具有优雅的女性特质——圆润自然的肩部、丰满挺拔的胸部、纤细的腰部，外形简洁、紧裹躯体的过膝裙或像百合花一样散开裙摆的散摆裙，过肘部的紧窄袖型以及与此相搭配的长手套……打造出精致而优雅的女性形象。

“新样式”的推出有着它的社会背景：第二次世界大战刚刚结束，人们盼望重回战前的安乐时光，无论男性还是女性自身，都希望女性摆脱战时只注重功能性的、刚硬而中性的女性形象，转而向雅致娇美的女性形象回归。迪奥敏锐地捕捉到了人们的这一心理，适时地推出了“新样式”系列。据说当时观看这场发布会的女士们看着台上那一件件用料奢侈、散摆精巧地达到小腿肚的衣裳时，都不由自主地把自己短裙子的下摆向下拉。

由“新样式”起，迪奥开始了十年著名的“型的时代”：1948 年，他推出了以不对称设计、下摆像翅膀一样展开的“飞翔”系列，以及“Z”型系列；1949 年，他推出了“喇叭型”女装；1950 年，他推出了“垂直型”女装；1953 年，他推出了“Y”型女装；1954 年，他推出了“H”型女装；1955 年，他推出了“A”型女装……以“新样式”为起点的新的时代开启了。

三、《蒂凡尼的早餐》与小黑礼服

1961 年的影片《蒂凡尼的早餐》(*Breakfast at Tiffany's*) 在时尚史上具有超乎寻常的意义，这是名设计师与名演员之间成功合作的典范之一：奥黛丽·赫本（Audrey Hepburn）穿着纪梵希设计的一款小黑礼服，带动了新一轮简洁风尚的流行。

赫本所扮演的赫丽在片中戴着遮住近半张面孔的宽大墨镜，身着圆领无袖及膝收腰黑裙、头戴系着蝴蝶结的宽檐遮阳帽、手戴过肘黑手套的形象让人过目不忘。整款设计摒弃了繁复华丽的元素，在洗练与简洁中衬托出赫本独特的优雅气质，在今天看来都毫不落伍。片中的赫丽喜欢清晨独自伫立在纽约第五大道的蒂梵尼珠宝店前，赫本穿着小黑礼服入神地观赏蒂梵尼的橱窗的场景堪称经典。这部影片被誉为是“20 世纪 60 年代最成功的喜剧影片”“描写纽约生活的十部最佳影片之一”。影片的插曲《月河》（*Moon River*）广为流传，经久不衰。该片也使赫本荣获奥斯卡最佳女演员提名。这部影片重新定义了“美”，将以往性感、繁复、丰腴的风格转为简洁雅致，成为当时新的流行时尚，也成为高雅的代名词。而“小黑礼服”由此更为著名，以至于它的英文缩写“LBD”在今天的时尚圈成为对这种款式的专门称谓。

第二节　思潮涌动

一、服装与流行

在我们的生活中，离不开“流行”的概念：“流行”涉及我们生活的方方面面——既包含意识形态也包含人类实际生活的各个领域。流行的发生与人们常见的两种相反而又密切相连的心理有关。一是求变的心理，二是求同的心理。求变的心理使得人们对新事物的流行异常敏感，在新的事物被创造出来以后很快成为流行的追随者。随后，当这种流行随着求变心理的人的不断增多而逐渐发展并成为一种大范围的流行后，那些对新事物抱有求同心理的人因为不愿被这股强大的流行的势力所抛弃，从而也加入其中。巨大的数量使得这种流行被普及和一般化，成为一种“旧”的存在；随后，又有一些新事物的创造者为了与众不同的求变心理创作出新的流行，于是一种新的流行又开始了，随着时间的推移，这种新的流行不断有新的力量加入而逐渐普及，于是又有更新的流行出现了。“求变”与“求同”的心理就这样使得流行充斥在我们的生活中。

服饰所具有的重要魅力在于它与流行紧密相连，这种与流行的紧密连接使得服饰对人们有着无法抗拒的吸引力。流行是指在一定的时间（某个历史时期）和空间（某个国家或地区的范围）内，一定数量的人受某种意识的驱使，通过模仿前沿的或占主导地位的某种观念、行为、生活方式而达到某种状态的社会现象。①

服饰的流行具有一定的流行周期。流行周期是指某种或某类服装从出现到逐渐被人们所接受，然后达到流行的巅峰，随着时间的推移走向衰退，直至最后退出流行舞台的整个过程。流行周期一般包括如下五个阶段：导入、上升、顶峰、下降、消亡。

流行趋势是指一段时期以内服装流行的总体方向和趋向性的变化，它是在一定的时间内流行的一种趋向性的指征。在现代服装流行的历史中，艺术思潮占有重要的地位。

二、艺术思潮

在 20 世纪的这 100 年中，艺术与时尚如同一体两面，经常以“双生子”的面目出现在人们的面前。服装是介于艺术与非艺术之间的特殊的门类。它一方面是社会的物质基础（生产力发展水平）的产物，另一方面也受艺术、文化等意识形态的影响。它像一面镜子折射出当时的艺术思潮的变化。一般而言，先兴起的艺术思潮对服装设计师产生影响，这种影响会体现到他们的设计中，于是与艺术思潮相呼应的服装风格产生了：有了超现实主义运动的风起云涌才有超现实主义的服装问世；而波普艺术（Pop Art）与批量生产的成衣流行相得益彰；以视觉迷幻效果著称的欧普艺术（Op Art），就曾经在 20 世纪 60 年代因纺织技术和印花水平的提高而被大量应用在时装设计中，欧普风格服饰正式问世，掀起时尚界的新变革。

（一）工艺美术运动

19 世纪下半叶起源于英国的“工艺美术”运动（The Arts &

① 华梅，周梦. 服装概论［M］. 北京：中国纺织出版社，2009.

Crafts Movement），又称艺术与手工艺运动。这个强调手工艺，反对机械化的生产设计改良运动席卷了整个欧洲，是当时对工业化的巨大反思，并为之后的设计运动奠定了基础。这场运动以 1851 年英国伦敦的水晶宫举办的第一届世界博览会开始，一直到 20 世纪初失去势头，一直持续了 50 年的时间。

这场运动的理论指导是约翰·拉斯金（John Ruskin），运动主要代表人物是艺术家、诗人威廉·莫里斯（William Morris）。莫里斯曾经说过这样的一句话："不要在你家里放一件虽然你认为实用，但是难看的东西。"这体现了一种把功能性和艺术性结合起来的设计思想。由于莫里斯对染织业兴趣最大，所以其对英国工艺美术运动中染织品设计的影响也最直接。他反对在染织上使用任何化学染料，坚持使用天然染料。他亲自设计壁毯，地毯，壁纸等，常用的纹样是缠绕的植物枝蔓与花叶，自然气息浓厚。"威廉·莫里斯涉足多个领域，很难简要叙述他的思想形成，不过他对近代美术、文化活动产生影响之深远超越 19 世纪后半期的任何一位工艺美术运动者。"[①] 在莫里斯的影响下，英国出现了一批染织品设计家。

工艺美术运动的产生有其自身的独特背景：在技术上，工业革命导致了产品的大批量工业化生产；在设计风格上，维多利亚时期的烦琐装饰风格使设计水准下降，于是设计家们希望能够复兴中世纪的手工艺传统。在此时期，工业产品外形粗糙简陋，没有美感与设计感；而手工艺人进行手工生产的作品只为少数权贵所使用。工艺美术运动意在抵抗这一趋势而重建手工艺的价值，要求塑造出"艺术家中的工匠"或者"工匠中的艺术家"。

工艺美术运动的特点在于强调手工艺生产，反对机械化生产；在装饰上反对矫揉造作的维多利亚风格和其他各种古典、传统的复兴风格；提倡简单、朴实的设计风格，反对风格上华而不实。

工艺美术运动对于设计改革的贡献是重要的，它首先提出了"艺术与技术结合"的原则，反对"纯艺术"，提出"工业产品要美观与实用"的口号，提出"艺术是所有人的艺术""艺术为大众"

① 潘播．世界名画家全集·莫里斯［M］．北京：文化艺术出版社，2009：30.

和“打破艺术与手工艺之间的界限”等一些可贵的美学思想。而这个时期也恰恰是服装史中崇尚美丽与优雅的“完善化期风格”。

此时的英国著名服装设师查尔斯·弗雷德里克·沃思（Charles Frederick Worth）摒弃了新洛可可风格女装那种繁缛富丽的风格以及造型夸张的硕大裙摆，而是将女裙的造型变得更为合体优雅，开辟了设计师左右时尚的历史，也奠定了现代服装设计的基础。

（二）新艺术运动

新艺术运动（Art Nouveau）是 19 世纪末 20 世纪初在欧洲和美国产生并发展的一次影响面相当大的“装饰艺术”的运动，涉及十多个国家，内容广泛——建筑、家具、雕塑、首饰、服装、平面设计、书籍插画、绘画艺术，延续时间长达十余年，是设计史上一次非常重要的形式主义运动。

这场运动实质上是英国“工艺美术运动”在欧洲大陆的延续与传播，在思想理论上并没有超越“工艺美术运动”。工艺美术运动的思想在欧洲大陆广为传播，最终导致了一场以新艺术为中心的、广泛的设计运动，并在 1890—1910 年达到了高潮。新艺术运动主张艺术家从事产品设计，以此实现技术与艺术的统一。

新艺术运动具有以下特点：强调手工艺，从根本上说，新艺术运动不反对工业化；完全放弃传统装饰风格，开创全新的自然装饰风格；倡导自然风格，强调自然中不存在直线和平面，装饰上突出表现曲线和有机形态；装饰上受东方风格影响，尤其是日本江户时期的装饰风格与浮世绘的影响；探索新材料和新技术带来的艺术表现的可能性。

新艺术运动也对当时的服装界产生了很大影响。巴黎的高级时装店活跃着杰克·多塞（Jacques Doucet）、波烈等设计师，不断推出优雅的新作。这些作品受新艺术运动的影响，洋溢着新鲜的美感，以紧身胸衣在前面把胸部高高托起，强调背部曲线，把腰勒细，突出了臀部的丰满，裙子像花瓣一样散开，从侧面看形成了明显的“S”形造型，强调纤细的曲线。这种造型一直延续到第一次世界大战爆发为止，被服装史上称作“S形时代”，与新艺术运动所强调的曲线与流动的特征相吻合。除了造型方面，服装的图案也受新艺术运动的影响而出现大量的富有东方情调的花卉和动物纹样。此外，自文艺复兴以来历时300年的紧身胸衣得到改良，直至最终演变到现代内衣的形式。

（三）装饰艺术运动

装饰艺术运动（Art Deco）是20世纪二三十年代的欧美设计革新运动，它的名字来源于1925年在巴黎举行的世界博览会。20世纪二三十年代，工业化迅猛发展、商业日趋繁荣，在此背景下的欧美工业设计逐渐走向成熟。强调手工业生产的新艺术运动已经不能适应人们对产品大量的需求。以法国为首的各国设计师开始对新材料、新技术的应用以及各种工业产品的设计与生产进行新的探索，其涉及的范围很广，包括了建筑、家具、陶瓷、玻璃、纺织、服装、首饰等诸多方面，探寻在机械化生产的前提下使工业产品更加美观的设计道路。巴黎是装饰艺术运动的发源地和中心地，进而发展到欧洲的许多国家。

设计形式呈现多样化，但仍具有统一风格，如注重表现材料的质感与光泽；在造型设计中多采用几何形状或用折线进行装饰；在色彩设计中强调运用鲜艳的纯色、对比色和金属色，造成强烈、华美的视觉印象。在法国，装饰艺术运动使法国的服饰与首饰设计获得很大发展，平面设计中的海报和广告设计也达到很高水平。

装饰艺术运动的风格鲜明，比如，在造型上多采用几何形状或用折线进行装饰，几何形、扇形、放射状线条、曲折形、重叠箭头形、金字塔形的造型是其设计造型的主要形态。再如，具有强烈的色彩特征，与以往典雅的色彩大相径庭，而强调运用鲜艳的纯色、对比色和金属色，造成强烈的视觉效果。

20世纪二三十年代在服装的发展史上也是一个关键的时期，许多设计风格独特的、具有导向性的设计师活跃在此时期，一个以设计师来引领时尚流行的新时代到来了。20 世纪 20 年代的服装以中性风格为主，简洁硬朗的直线线条打造的主矩形造型弱化了女性的特征与原有的凸凹曲线，女性服饰的真正的现代化也是从此真正拉开序幕。

（四）超现实主义

超现实主义（Surrealism）是西方现代文艺流派，1920 年兴起于法国。超现实主义者认为，在现实世界之外，还有一个彼岸的世界，即无意识或潜意识的世界。超现实主义者致力于探索人类的潜意识心理，主张突破合乎逻辑与实际的现实观，扬弃逻辑和有序经验记忆为基础的现实形象，将现实观念与人的本能、潜意识及梦的体验相融合，来探索人类深层心理中的形象世界。超现实主义创始人之一、法国诗人和评论家安德烈·布勒东（André Breton）在《超现实主义宣言》中给超现实主义进行了如下定义：超现实主义，名词。纯粹的精神自动主义，企图运用这种自动主义，以口头、文字或其他任何方式去表达真正的思想过程。它是思想的笔录，不受理性的任何控制，不依赖于任何美学或道德的偏见。

超现实主义的哲学基础是以弗洛伊德的精神分析学说、主观唯心主义和直觉主义为基础的，认为梦境、幻觉、本能和下意识等潜意识世界比现实更能反映人们灵魂深处的真实。在超现实主义艺术家的眼中，所谓的真实表象都不是真实的，而创作可以寻找真实。

超现实主义为服装的实用价值之外增添了精神的诉求，而服装因为渗透着某种精神和艺术文化，而呈现出了时装与艺术的交融之美。

夏帕瑞丽被媒体称之为“时装界的超现实主义者”，她与当时许多现代艺术家过从甚密，他们的艺术观念也对夏帕瑞丽的设计产生了深远的影响。在她的作品中融入了很多当时最新的艺术元素，明显地表现出超现实主义的服装设计风格。她的服装充满着艺术的特色与新奇大胆的设计，具有比较强的辨识性。

夏帕瑞丽认为女性应该具有与众不同的勇气，在穿着上也要风格独特。她设计的服装打破了服装与艺术之间的藩篱，赋予服装顽皮、幽默、诙谐与趣味性。她所设计的超现实主义风格服装在廓形上并不复杂，但在装饰的细节和服装配饰上具有很强的超现实主义趣味。比如将龙虾和西芹的图案或是骷髅的形状刺绣于服装上，或是将一只袖子绣满女性的金色秀发，或是将女装的背部装饰上具有视错效果的图案，或是将纽扣做成一些稀奇古怪的形状——如蝴蝶、羊头、金鱼的造型。她在1930年设计了一系列倒扣的鞋形的帽子，她还是第一个把报纸作为图案印在服装上的设计师。夏帕瑞丽超现实主义的服装风格具有一种独特的魅力。

有“坏小子”之称的英国时装设计师亚历山大·麦昆因其大胆、独特、风格多变的设计理念在国际上享有盛誉。他的设计前卫而具有戏剧性，剪裁精良细致，体现了超现实主义的梦幻与现实的混合。他的2005年春夏系列服装就是以旋转木马勾起人们儿时的回忆，其中有夸张的中国山水木雕头饰、刺绣纹样精美的日本和服女裙和民俗风味十足的绚丽的蓬蓬裙结合在一起，表现出极度震撼的戏剧感。

让·保罗·高缇耶曾以女画家弗里达·卡洛的超现实主义自画像为灵感，设计了具有墨西哥风情的女装系列。模特们头戴巨大的花朵装饰，耳朵上装饰着沉重夸张的耳环，画上浓密连成线的粗眉，与女画家的造型如出一辙。这个系列中的一套黑色服装直接以弗里达《破碎的丰碑》为设计灵感——衣身用皮带作捆绑设计，形似画中弗里达身上的绷带，下身一袭黑色的长裙，表现着即使深受病魔的缠绕，依然能风姿卓约的弗里达。1997年，戈尔迪埃为《第五元素》电影设计戏剧服时，其中女主角的“绷带装”就是以弗里达的绷带和钢架作为设计灵感，而后还衍生出了“铠甲战衣”，都是对超现实主义的致敬。

超现实主义风格的服装反映的是艺术与时装的紧密结合，令服装本身具有了更深刻的含义，增强了服装的文化艺术价值，能够传达更广泛的理念，使服装设计具有鲜明的个性。

三、青年思潮

20 世纪 60 年代是一个动荡不安的年代——战争的残酷以及充斥欧洲的各种激进思潮使那些步入青春期的战后婴儿潮的一代充满了反叛、不安的情绪。年轻一代带着他们浪漫的热忱、对传统和既定规则“打破”的冲动与追求更高精神层面的愿望，成为反权威与反传统的“执戈者”。而急剧演变的社会价值观、丰裕的物质文化又给这股年轻的思潮提供了发展的温床。

青年思潮主张政治、文化和心灵的自由。年轻人们反对既成的社会规范，反对他们父辈的价值观，也反对破坏一切的战争。以“避世派运动”（Beat movement）为契机和开端，年轻人们用集会游行、怪异装束和跨越国界的音乐来发泄他们无处发泄的狂热，来诠释他们所认同的思想体系。逐渐地，这种初时只为少数激进分子所拥护的“年轻的文化”以它崭新的、充满活力的面貌征服了世界各地的人们，以新音乐、新艺术和新政纲为改革内容的青年思潮奏响了它虽稚嫩、但发人深省的时代号角。

正是这股“青年思潮”打破了这之前的服装那种成熟的、优雅的经典旧容，服装第一次呈现了它年轻多变的、个性化的新鲜样貌。不同于以往以“成熟夫人”为流行的根基，20 世纪 60 年代的风尚充分地体现了下位文化论（Bottom-up theory）。这是一个对年轻进行赞美的时代，此时最当红的模特崔姬（原名莱斯特·霍恩：Leslie Hornby，Twiggy“嫩枝”为其绰号）代表了此时的审美标杆：中性化未发育的细长身材（与之前前凸后翘的成熟女性形象背道而驰）、瘦而细的长腿、平平的胸部、窄窄的肩部，留有维达·沙宣（Vidal Sasson）几何状的独特短发；洁白的小脸，弱化唇部的色彩，戴着忽闪忽闪假睫毛的、粗重黑眼线的小鹿般的大眼睛。这个 19 岁就退出时尚圈的名模具有孩童般的样貌，是此时期最受推崇的女性形象，代表了 20 世纪 60 年代的审美取向。它们创造出许多新的款式与流行，与服装的结合达到了完美的程度，作为这个时代的血液最佳地诠释了它年轻、叛逆的因子。

多样化是此时期流行的特点：在“青年思潮”统治下的服装舞台上既有对东方文化崇拜而衍生的宽松袍服；看似保守而实则激进的“祖母风貌”（Granny Look）使得祖孙穿同样的衣服成为现实；又有故作天真的孩童般的款式；只遮住三点的比基尼泳装或是大胆到极致的无上装设计；牛仔裤也是此时流行的必备元素，是男女老少都能穿着的单品。

最能体现这个时期风貌的服装当首推迷你裙。玛丽·匡特使迷你裙成为万众瞻目的焦点，她的设计源于街头文化而体现了自然的风貌。而在此之后安德烈·库雷热（Andre Courrges）把迷你裙与连裤袜、靴子并用，使之被提升到一个艺术的高度，打破了“街头服装”与“高级时装”（Haute Couter）的界限。它以年轻的特征和极限的膝以上 25cm 的长度造成对“高雅传统”的致命一击，因而具有非凡的意义。

此外，“未来主义”风格也表现了这一时期的流行趋势：皮尔·卡丹的“宇宙服风格”和伊夫·圣·洛朗的“蒙德里安风格”都是当时非常前卫的典范。对材料的应用也日新月异。19 世纪末擎起高级时装大旗的沃思和 50 年代的完美主义者克里斯汀·迪奥一定都不会想到他们的后人竟然会摒弃精美的丝绸和高品质的毛呢，大量地把塑料和橡胶作为服装的原料。应当指出的是开始于 20 世纪 60 年代的服装的深刻变革不仅仅局限于款式、材料和运作方式上，它更是服装设计观念上的巨大改变。

第三节 “民族的”与“世界的”

一、民族元素的典型性

（一）典型性与识别性

民族元素的重要特性之一就是它的典型性，具体到民族服饰元素更是如此：在世界各国的各个地区，传统民族服饰集中体现了这个国家、这个民族、这个地区的文化特点与传统。中国更是如此，作为一个拥有 56 个民族的国家，各个民族的传统服饰各具特点，其典型性也使得它们具有识别性。比如头饰是研究中国少数民族女性服饰的一个非常重要的方面，它具有标识的作用，也是支系识别的族徽标志。在学者管彦波先生的《文化与艺术：中国少数民族头饰文化研究》中有这样一句话：“几乎每一个民族的头饰，都可以说是表达该民族审美心理的一种特定符号，都是民族情感的象征、民族尊严的标志，都有着很强的传承性和稳定性，往往成为一个民族排异认同、追根寻古、纪念祖灵、祈求神佑，抑或自识、向心、内聚的物质外壳和文化依凭。”①

① 管彦波. 文化与艺术：中国少数民族头饰文化研究［M］. 北京：中国经济出版社，2002：17.

配饰繁复是贵州黔东南苗族女性传统服饰的重要特征，据相关资料记载，在 20 世纪 50 年代末对于经济比较富裕的苗族地区的调查显示，这些地区的银饰种类繁多、款式多样，有银角、银雀（银凤）、银冠、银扇、插头花、花银梳、无花银梳、银簪、银马帕、前围、后围、插头、银针、耳柱、耳环、银牌、猴链、扭丝项圈、雕龙项圈、响铃圈、花压领、无花压领、银罗汉、戒指项圈、银牙签、六方手镯、空心手镯、扭丝手镯、圆手镯、竹节手镯、龙头手镯、翻边手镯、扭转手镯、蜈蚣手镯、空心手镯、龙头手镯、四方戒指、四连环等。除上述物品外，其中有的只有苗语名称无汉语译，如"勋沧""送甘尼""送泡""送行边加生""桑里""都干""向后""加板"等。这些银饰的款式有一大部分今天还有，还有一部分已经不再流行，退出了历史的舞台。到了 20 世纪八九十年代，台江地区整套盛装上的银饰仍然有 50 种之多，用银量达到 16 斤之多。

直到今天，台江施洞苗族女盛装所对应的饰物依然非常繁复：首先是头部，先要在头上围上银头帕，再在其上佩戴前后相对的大小两个银角（或银凤鸟），在银角两侧各佩戴 2 ~ 3 支银插花，后脑部佩戴银梳。耳朵上佩戴耳环。再看颈胸部，佩戴三个银项圈和一个花压领。手腕上佩戴银手镯，手指上戴银戒指（最多达 8 只）。以上是首饰。佩戴在服装上的佩饰主要分布在前衣襟、后背以及肩线和袖口等部位：前衣襟装饰 3 排每排 4 个共 12 个银片（也有两排银片一排圆片的样式），在银片中间和银片周围环绕 110 个圆泡。后背有 3 排每排 5 个共 15 个银片，在银片中间和银片周围环绕 90 个圆泡，下摆的最后一排银泡上缀有装饰有蝴蝶的银吊坠。肩线与袖口部位缀有 80 个银泡，袖口处的银泡缀有与衣摆一样的银吊坠，此地女盛装佩饰的样式、分布具有一定之规，大体相同，但姑娘们盛装上的佩饰在形状和数量上并不是严格的统一，因此这些数字是以一位姑娘盛装上的佩饰为样本，余者与此相差不多（见图 4–1）。

图 4-1　台江苗族女性盛装局部

（二）典型性审美特征

还是以我国的少数民族来举例，不同的民族服饰具有不同的典型性审美特征，比如自由想象的美、热烈粗犷的美、和谐内敛的美、肃穆浑厚的美等。

首先，来看自由想象的美：之所以出现这种独特的审美取向应归因于中国各民族人民自由的想象空间和不被束缚的心灵特质。在欣赏民族传统服饰时，我们常常可以看到，很多民族的服饰充满想象的空间，很多图案都是照他们认为的“美”的准则对其进行布局，大小、位置、颜色的搭配都没有一定之规。在同一个画面中，也许人比蝴蝶小好几倍，也许人比房屋大好几倍，龙可以没有脚，人可以悬在空中。这时，我们一面感叹“原来可以这样进行创造”，一面折服于这种自由之美中。想象力是民族服饰之所以能够如此异彩纷呈的原动力，能够体现这种自由想象的美的、具有代表性的服饰就是苗族的服饰。我们知道苗族的图腾有蝴蝶、牛、枫树等，苗族的服装中常常出现牛首、蛇身的动物形象，或者蝴蝶长着一张人的脸，这些组合和他们的神话传说有关。苗族人民深信这些美丽的神话并将之体现在日常所穿的服饰之上。“苗绣中天上地下、水中陆地浑然一体，鸟可以在下，动物可以在上，看起来似乎很不合理。当您仔细看清画面表现的主要形象，便觉得上下左右都可以围着主要形象旋转。它以作者自我为中心，从人向四周看的角度来表现。人可以上天下海，人神可以自由交往，真可谓人神杂糅，天人合一。”①乍看起来我们会觉得很奇怪——这是美的吗？但抛开我们所遵循的审美定律与准则，我们会感到一种震撼人心的想象的美：古拙、热烈、自由、干净，像没有任何杂质点染的孩童眼中的世界，没有现实生活的束缚，如此自在又如此恬然。这种美更趋近于生命的本身，更趋近于我们内心的需要，这种美是没有被污染的纯粹与自由。

其次，来看热烈粗犷的美：在欣赏民族传统服饰的时候，我们经常有欣赏时尚品牌的设计之作时的兴奋感，甚至，对前者的激赏程度更胜过后者，这是因为民族传统服饰所具有的热烈粗犷之美。在许多少数民族服饰中，我们常常能看到抽象的人、花、树、动物，它们很多都造型简单、用色大胆、排列随意，像熊熊燃烧的火焰，带有种热烈粗犷的民族特质和美感。这种通过简单随意的造型、色彩和布局所达到的美感，给我们的视觉冲击和审美震撼反而胜过现代那些造型复杂、用色讲究、布局精巧的图案和花纹。其奥秘可能恰恰在于，它从许多具体的条框、规矩中抽象出最根本的精髓，这种精髓形成一种力量，可以直达我们的内心。例如，贵州南开式苗族女盛装，从头饰到服装的上半部多用洁白、艳红、朱红、明黄、煤黑等颜色，色彩浓烈、奔放，其间穿插着图案的变化、面积的对比；下半部则用较暗淡的青蓝、青绿。云南壮族妇女细腰、小圆摆的青黑色亮布上衣，配以数量繁多、银光闪闪、做工异常精细的银颈饰、耳饰、首饰，于内敛中散发出热烈之美。而用色鲜艳浓烈的藏族服饰，其服装、配饰与

① 中国民族服饰博物馆.中国苗族服饰研究［M］.北京：民族出版社，2004：124.

藏族女性那乌油油的黑发配在一起，本身就是一幅画。

再次，看和谐内敛的美：在中国的各个民族之中，许多民族的传统服饰都具有热烈浓郁的美感，这种热烈浓郁的色彩是外放式的，张扬了民族服饰文化的独特魅力。但也有不少民族服饰整体给人的感觉是内收的美，这种美悄悄绽放，也许第一眼看上去不打眼，但细细品味，自有一种和谐内敛的宁静味道。比如，壮族居住在云南省马关县咒河的依人支系，他们的服装为黑色亮布的上衣下裙，头戴黑色包头。上衣仅到腰的上部，为精巧的圆摆，边缘装饰有刺绣或镶边，衣领为短短的小竖领，上面也装饰有细细的刺绣或镶边，上衣前开，从上到下一排细细密密的银纽，下面的裙子一般装饰不多，裙幅较大，与上身的收腰短上衣形成对比。整套服装以黑色为主，只在边缘装饰有细小的饰边，穿着者佩戴悬垂的银耳环、银项圈和各种银颈饰，在大面积的黑色上点缀小面积的银色，整体呈现一种和谐内敛的美。

最后，是肃穆浑厚的美：民族传统服饰中有一些具有肃穆浑厚的美，这是和这些民族的传统文化与信仰相关，文化与信仰对民族传统服饰从款式、色彩到图案、配饰都产生影响，使其带有一种肃穆浑厚的美。哈萨克族服饰尚白。哈萨克族的萨满巫师巴克瑟的法衣是一身白色，并饰有白天鹅的羽毛，这是因为在哈萨克的原始宗教中白天鹅是天神的化身。相传哈萨克的始祖为白天鹅姑娘，萨满以白色为法衣的颜色，以白天鹅的羽毛做帽子，旨在拥有白天鹅那样飞翔与浮水的能力，获得强大的力量。藏族服饰也尚白。在藏族人民眼中，白色象征着美好、纯洁、善良和光明，是吉祥的象征。在藏族传统服饰图案中常常见到“十”字和“5”字纹样。前者在宗教中是“完满具足”的意思，后者在宗教中是“圆通”的意思，人们把它们用到服饰上以期得到佛祖的护佑。此外，有一些藏族的配饰也与宗教有关，如佩饰“嘎乌”，这是一个小型的佛龛，有人字形的屋顶，两边是柱子，中间放置一尊小佛像。这些都使其传统服饰具有一种肃穆浑厚的美。

二、民族元素的多元性

（一）求异与改变

今时今日，全球化的趋势体现在我们生活的各个领域，作为人们“衣食住行”之首的衣文化更是深受其影响。而民族元素的多元性使得服饰的美更加多元化。

从 20 世纪初期的保罗·波烈开始，西方设计师就纷纷从世界各民族的服饰文化中汲取灵感。到了 20 世纪 60 年代，时装圈兴起追求民族民间风味的流行趋势。这股“民族风”最终也波及了高级时装和高级成衣的时装舞台，设计师们纷纷从民族文化中汲取灵感，同属东方民族的日本设计师也一改他们西化的设计风格，重新审视自己民族的传统，转而从本土文化中汲取养分。三宅一生、高田贤三（Kenzo）、山本耀司（Yohiji Yamamoto）、川久保玲（Rei Kawakubo）等设计师对东方经典进行了西方式的演绎，这使他们在国际时装舞台上赢得了很高的声誉。值得一提的是，这些设计师的共同特点为 :“求异”的设计思路。无论是三宅一生以日本面料改良的、同时具有平面和立体双重感觉的“一生褶”，抑或是高田贤三打破西方立体曲线的束缚而宽松了的人衣关系 ; 无论是川久保玲颠覆传统审美的“破烂式”，抑或森英惠日本传统图案的现代应用，在求异求变方面他们都是个中好手，所以他们在以欧美设计师一统天下的国际舞台上占有了一席之地。

回顾西方服饰发展的历史，“求异”是其不变的主旋律。如 20 世纪初波烈拿掉束缚妇女的紧身胸衣带来了东方风情 ; 20 世纪 20 年代夏奈尔混合了男装的元素为妇女设计了全新的套装 ; 20 世纪 30 年代夏帕瑞丽对惊世骇俗的骸骨毛衫拉链的运用 ; 20 世纪 40 年代迪奥重新强调女性味，推出“ New Look”; 20 世纪 50 年代玛丽昆特来自街头的超短裙 ; 20 世纪 60 年代圣·洛朗设计的“蒙德里安风格”……直到 20 世纪末，每一次的变化都是对以往的否定，都是求异求变的结果。

（二）求同与局限

在中国时尚圈中，曾经“求同”的声音占了主导性的优势，而这个“同”是西方服饰审美与流行的趋同，一时之间，“与世界融合”“与世界接轨”等语句时时回响在我们的耳边。

这种融合与接轨其实是近乎完全地向西方的审美取向靠拢。一味盲目的“求同”反而会使我们自己的设计没有根脉、没有个性、没有特点。只有把所有的因素通盘考虑之后，深入民族文化实质、借鉴西方的现代元素而设计的服装才能达到民族化和国际化的融合，这种融合才能抛开虚浮的形式，达到真正的精神上的融合。并且全球一体化的程度越高，民族独有的服饰文明所散发出的独特魅力就越能拨动人们的心弦，20 世纪末的“东风西渐”就是最好的说明。

当我们以一种理性的目光去审视国际化的流行时尚时就会发现，民族化的服装就其思想本质而言是一种文化符号，只有各国各民族的诸多文化符号相互融汇，才能构成国际化的服装语言。现代设计走入“后现代”之后，对古典的回归又成为一种趋势，也为中国服装的民族化与世界时尚的国际化接轨铺平了道路。历史在发展，“越是民族的就越是国际的”这个论断也在发展。

拥有 5000 年丰厚文化积淀的我们，如何在新时代的背景下对民族传统元素进行真正的时尚创新是我们需要思考的问题：拼凑和卖弄不是民族的本质，脱离时代的生搬硬套只会陷入狭隘的怪圈，陷入形式主义的泥潭。整体不是细节的叠加，而是从中发现美和生命力的构成因素，把它抽离出来。真正民族化的服装不是立领、盘扣、对襟、刺绣、丝绸等元素的堆砌，而是深藏在这些元素中的传统文化精髓。元素的组合只是外化的具象的“形”，传统文化的形成是有着深厚的历史渊源和丰富的文化内涵的，因此珍视传统民族化的服装、发掘其珍贵的文化内涵是我们义不容辞的责任。然而，不容否认，传统的民族服饰已不能适应现代的节奏，我们只有潜心去研究中国漫长的文化，从根本上去把握、思考，才能以这个时代的语言去诠释它。

这是一个打破和重建的过程，打破民族服饰中不适应现代生活的样式和服装结构，突破我们对民族服饰的具象的认定（如前面所说的立领、盘扣、对襟、刺绣、丝绸等），从这些细节中抽离出它的本质精神，重建一种国际化的时装语言，实现民族服饰文化的蜕变和复兴。民族化只有在融入时代的潮流中，才能实现民族服饰文化的时代意义。

服装的民族化和国际化是一体的两面，民族化是我们的根本，国际化是我们的走向。把握民族化与国际化的辩证关系，贯通古今，融汇中西，设计出既有我们民族精神内涵，又能体现国际化时尚的服装，才是我们的出路所在。

值得庆幸的是，今天的中国涌现出一批服装品牌和设计师，愿意从我们传统的、民族的文化中吸收养分、提取元素，设计创意，他们取得的成绩也是骄人的。

三、民族元素的时尚性

（一）民族与时尚

文化创意的灵感并不是只有从现代的时尚文化中去寻找，从民族传统中汲取灵感也是一个很好的方法。比如下面两个例子：

对传统面料的现代应用层面，如莨绸，又名黑胶绸、香云纱，它的正面是黑色，有幽暗的淡淡光泽；反面是棕色，其色是由薯莨的块茎汁液多次浸渍、晾晒而生成的一层黄棕色的胶状物而得来。其制作工艺非常繁复，前后需经过数十次薯莨汁的浸染，再经过河泥、摊雾等工序，然后放置 3 ~ 6 个月之后，最后经过水洗才可以成型，整个过程均需人工，材料天然，是国家级的非物质文化遗产。这种价格昂贵的传统面料被一些服装品牌所采用，如“天意”品牌等。莨绸的独特外观使它具有一种传统的灵气与飘逸，与具有传统韵味的现代设计相结合，具有一种与众不同的气息，受到很多女性消费者的喜爱。

对传统廓形的结构层面来看，如日本设计师三宅一生的很多作品，其灵感来源于其民族的传统服饰和服，但他并不是将和服的造型与款式进行简单的复制，也不是在人体身上创造“第二层皮肤”，而是对其进行结构的分析与解构思考，建立人体与服装空间的更为松散的相互关系，在此基础上非构筑式结构设计一经推出就震惊了国际设计舞台。

（二）东方与西方

世界文明的发展不是一元的，而是多元化的，也因此在多元化的格局下才能形成文化的多样性、审美的多样性、设计的多样性。具体到服装设计领域，从具有现代的设计理念开始，东方与西方不同民族元素之间的相互借鉴已经有百年的历史。

如前所述，保罗·波烈作为第一个真正意义的设计师，同时也是最早从东方文化中吸取养分的西方服装设计师：“布瓦烈特（波烈）另外一个重大的创造是在服装设计中采用了许多东方的风格，特别是日本、中国、印度和阿拉伯世界的服装特点与风格。这种借鉴加上他早期引用的古希腊、古罗马的风格，形成非常突出的形式，对于传统的欧洲女装来说，自然具有很大的冲击力量。”[①] 受到波烈的影响，“中国元素”“东方风情”等民族元素被源源不断地运用到当时人们的衣饰中。相比西方服饰在结构上的复杂性，同时期的中国传统服饰更侧重于外部装饰手段的运用，而这种东方式的设计风格也对西方服装产生了影响：“但是在1910年之后，由于他（波烈）设计东方风格系列，因此重新开始采用华丽的装饰：色彩鲜艳的刺绣、锦缎、流苏、珍珠和罕见的羽毛都是他广泛使用的装饰品，同时巴黎人人都陶醉东方艺术，对这种方式自然也接受和欢迎。”[②] 到了20世纪下半叶，西方设计师和服装品牌对东方民族元素的吸纳更是比比皆是，伊夫·圣·洛朗、皮尔·卡丹等设计师都以中国题材为灵感来源，对东方元素的运用使他们的设计更具有异域情与独特的表现力。时至20世纪90年代末期，中国主题

① 王受之．世界时装史［M］．北京：中国青年出版社，2002：24.

② 王受之．世界时装史［M］．北京：中国青年出版社，2002：24.

的时装作品依然层出不穷。在郎万（Lanvin）的服装发布会上，最后谢幕的音乐取自电影《游园惊梦》的原声带，用充满老上海情怀的歌曲作为完美的结尾，充满了东方情调的迷幻和神秘。

此外，在迪奥女装的发布会上，先后将20世纪初的上海风情和红军的形象搬上了国际时装舞台，中国旗袍的华美、中国漆器上的红色激起了这位天才的灵感与创作火花，浓艳的妆容、超长的中式立领、红丝线的盘扣和西化的“旗袍”组成了让人惊艳的舞台效果。自此，东方风情一石激起千重浪，一时间北非风情、印度民俗、中东形象、印第安色彩，轮番成就了国际时装舞台上的浮光魅影。一贯以西方文化为设计主线的意大利服装设计师拉瓦尼·瓦伦蒂诺（Gara-rani Valentino）也以中国18世纪屏风为灵感，推出了中国清代服装风格的新作。此外，中国瓷器特有的颜色中国蓝（China Blue），因其神秘深邃的意境被多位西方设计者作为主题色彩。

比东方民族元素被运用到西方设计上的时间稍晚，西方服饰元素也随之被运用到了东方服装的设计中。比如，民国时期中国的改良旗袍，在加入西方的立体裁剪元素后具有了更为立体的造型，更加突出了女性身体的曲线，将脱胎于中国满族的袍服打造成了在国际视角下最能代表中国女性风姿的服装类别。

20世纪80年代以来，日本设计师立足本民族的服装文化的设计较为成功，他们中的很多人一改西化的设计风格，大胆审视自己民族的传统，从本土文化中吸取养分。如三宅一生、高田贤三、山本耀司、川久保玲等设计师对东方经典进行了西方式的演绎，使他们在国际时装舞台上赢得了很高的声誉。

第四节　创意与宣传

关于服饰文化创意的灵感源泉不仅包括服饰品的设计，还包括了服饰品的宣传与推广。下面从名人穿着效应、名人宣传效应、推广策略三个层面对其进行分析。

一、流行引导力量

回溯历史，服装在不同历史时期的流行有着不同的领导力量。在封建社会，以宫廷为代表的上层社会是流行的源头。《韩非子·外储说左上》中曾有这样一个事例："齐王好衣紫，齐人皆好也。齐国五素不得一紫，齐王患紫贵。傅说王曰：'《诗》云：不躬不亲，庶民不信。今王欲民无紫衣者，王以自解紫衣而朝，群臣有紫衣进者，曰：益远，寡人恶臭。'是日也，郎中莫衣紫；是月也，国中莫衣紫；是岁也，境内莫衣紫。"是为"齐桓公好服紫，一国尽服紫"。这个故事讲的是齐王喜欢穿紫色的衣服，上行下效，齐国从上到下都受此影响喜欢紫色的衣服，形成一股风潮。在当时紫色是最难以提取的色彩，始作俑者齐王觉得大家都穿紫色的衣服太过奢靡，因此想要遏制这股尚紫的风潮。大臣劝说齐王，想要让老百姓不穿紫色的衣服，齐王就不要在朝堂上穿紫色的衣服，并且如果有臣子着紫色的衣服来觐见，齐王要告诉他说讨厌这种颜色的衣服。齐王采纳之后，果然臣子们就不再穿紫色的衣服了；随后，都城周围的人们也不再穿紫色的衣服了；就在这一年，齐国境内就没有穿紫色的人了。从此事例中我们可以看出，紫色衣服的流行与消退都与处于齐国权力顶端的齐王有关，这是中国古代服饰流行从宫廷向下逸散一则典型的服装现象，与此类似的还有："城中好高髻，四方高一尺；城中好广眉，四方且半额。"这种流行的"上位服饰文化论"出于平民百姓希望与阶层比他们高的皇族、贵族趋同的心理。从宫廷到民间，从都城到四方流行的现象，是古代服装流行的主要形式之一。

现代生活中，服装流行的引导力量变为具有更多曝光率的名人，这其中以影视明星最为典型，他们的着装影响时装流行的例子不胜枚举。

奥黛丽·赫本无疑是一位具有独特服饰品位的女演员，她具有天使一般清丽脱俗的容貌以及简洁高雅的穿着风格。赫本式简洁而现代的着装风格在她所处的时代影响了很多女性的穿衣理念，而她与设计师休伯特·德·纪梵希长达数十年的合作也为后世所称道。纪梵希曾经说过："女人不是单纯地穿上服装而已，她们是住在服装里面。"这种对服装与它的穿着者之间的关系的理解与赫本不谋而合。《浮华世界》(*Vanity Fair*) 杂志曾经这样评价两人的关系——"奥黛丽对于她的品位与外表很决断，她之所以找上他，是因为他给她的形象深深吸引着她。她完完全全地进入了那个梦境。她也进入了他的梦想。"

赫本与纪梵希的合作开始于 1953 年，赫本从纪梵希最新一季发布会的服装中挑选了三套作为在其担任女主角的电影《萨布瑞娜》(*Sabrina*，又名《龙凤配》) 的戏服：一套是浅灰色羊毛套装，是萨布瑞娜转变形象后穿的第一套戏服；一套是一件白色缎子连身晚礼裙，腰部以上为抹胸设计，腰部以下为下摆至小腿肚的包臀设计，腰部系一条同色蝉翼纱裁制的大蓬裙，抹胸与裙摆有相呼应的图案；一套是一件一字领黑色小礼服，异常简洁，与之相配的镶水钻包头小帽是赫本自己挑选搭配的。《萨布瑞娜》的播出引发了人们对赫本形象的追捧，完全不同于同时代玛丽莲·梦露（Marilyn Monroe）式的丰腴美的赫本式清瘦的身材、萨布瑞娜式的简洁短发，当然还有赫本在此片中的高雅的着装都引领了新一轮的流行，这就是明星的流行引导力量。以此为始，赫本与纪梵希开始了数十年的合作与友谊——纪梵希为赫本设计了七部电影的戏服以及包括她婚礼礼服在内的个人服饰，这些都对时尚界产生了持久的巨大影响。

同样在 1953 年，好莱坞拍摄了一部描写青少年生活的影片《飞车党》（*The Wild One*），男主角是影星马龙·白兰度。白兰度在影片中扮演摩托黑帮的领头人。在影片中，这群由无所事事的年轻人所组成的摩托帮骑着摩托车在加利福尼亚各地来回穿梭，打发时间寻找快乐。

马龙·白兰度在电影中斜戴鸭舌帽，穿着宽肩收腰的大翻领黑色皮夹克，下着蓝色牛仔裤，一脸不羁的神情。角色的塑造恰恰符合此时年轻人对时尚的定义，因此开着双轮摩托车的飞车党形象成为年轻一代热衷模仿的对象，而黑色皮夹克也因此成为一个标识符号，成为这股风潮的代表要素。这部被影评家评论为“叛逆一代不朽的经典”的影片引发了新一轮的时尚流行。在此之后年轻人还在黑皮夹克上装饰金属铆钉、挂上金属链，并在其上用笔绘制或用刀雕刻上骷髅之类的图案。

莫罗·伯拉尼克（Manolo Blahnik）作为一个著名的鞋履品牌，其女性化的造型、窄窄的尖头和细细的高跟是它的标志元素，而水晶、人造宝石、羽毛、绣花、珠子和缎带等装饰物使得它具有超于一般的吸引力。莫罗·伯拉尼克鞋履兼具外形华美与穿着舒适的特质，成为明星们在各式红毯典礼上的首选品牌之一。

詹妮弗·安妮斯顿（Jennifer Aniston）曾在她的婚礼上穿着莫罗·伯拉尼克象牙色鹿皮高跟凉鞋；猫王之女丽莎·玛丽·普雷斯利（Lisa Marie Presley）拥有数十双伯拉尼克鞋履；1998—2004年热播的美国系列剧《欲望都市》（*Six and the City*）中有一个经典的时尚镜头：女主角凯瑞（Carrie）在被劫匪打劫时，苦苦地哀求劫匪："Please don't take my Manolos!"（求求你别拿走我的莫罗！）随着这部风靡全球的美国电视剧的热播，鞋子品牌——莫罗·伯拉尼克为更多的时尚爱好者所熟识，而凯瑞的饰演者莎拉·杰西卡·帕克（Sarah Jessica Parker）在银幕下也是伯拉尼克鞋履的忠实用户。

二、名人宣传效应

玛丽莲·梦露（Marilyn Monroe）与前文所提到的奥黛丽·赫本代表了20世纪五六十年代两种截然不同的美丽形象：性感与清纯。拥有金发碧眼、丰满身材的梦露风情万种，是她所生活的时代的女神级人物。

"夏奈尔5号"（Chanel No.5）香水是设计师夏奈尔在1923年推出的第一款以设计师本人的名字命名的香水。夏奈尔5号香水香气馥郁，而瓶身则是中性的几何直线造型。这款香水的畅销与玛丽莲·梦露有着千丝万缕的联系：在一次记者会上，当人们问起玛丽莲·梦露穿什么衣服睡觉，这位性感女星说了这样一句话："I wear nothing，just a few drops of Chanel No.5！"（除了夏奈尔5号我什么都不穿！）语音未落而举座哗然，梦露、裸睡、香水……这些关键词冲击着人们的大脑，带着对女神的仰慕与好奇，人们纷纷解囊购买夏奈尔5号，与这句话一起留名时尚发展史的还有这款香水，绝佳的宣传效应千金难买。

爱马仕是闻名世界的奢侈品品牌，1837年创立于法国巴黎，早年以制造高级马具起家，以精美的手工和贵族式的设计风格而闻名。爱马仕的包可以说是包中的顶配，得到全球女性的喜爱，其中一款皮包的流行与一位名人有关，那就是以格蕾丝·凯莉命名的凯莉包（Kelly Bag）。格蕾丝·凯莉身兼好莱坞明星、奥斯卡影后与摩纳哥王妃多重身份，她有着美丽的金发、清澈的双眸、白皙的皮肤、苗条的身材、古典而又现代的气质，是著名导演希区柯克最钟爱的女演员。

嫁给了摩纳哥王子的格蕾丝·凯莉又一次外出活动时被媒体围观，此时她已怀有身孕，为了掩盖自己微隆的肚子而将一只棕色爱马仕包挡在身前。随后这款皮包因此被命名为凯莉包，成为爱玛仕经典的镇店之宝。

三、推广策略

服装的流行离不开推广策略，对于服装品牌来说更是如此。很多天才的设计师同时也是天才的销售能手，比如迪奥与夏奈尔。迪奥是最早的用注册商标来确立其品牌的设计师，并非常注重品牌形象；他用每六个月推出一个新系列的方式来吸引和巩固他的客户，每个新的系列都有不同的廓形以及与前一季不同的裙长；他还敏锐地捕捉到欧洲以外的美国是一个潜在的巨大市场，积极地进行开发。夏奈尔为自己服饰的推广不遗余力。她非常注重对自身的品牌效应，树立独特的形象来吸引追随者，如她剪短头发、晒黑皮肤、穿着自己设计的新款服装出入社交场合。她将装饰性首饰与真正的珠宝混合佩戴，她也是自己白珍珠项链三串式的最佳演绎者。她曾在一个纪录片中说过这样一句话："女性在出门前一定要注意你的仪表，因为你不知道会遇到谁。"在这个纪录片中，她还说道："不用香水的女人是没有未来的。"她身体力行地一直用着自己推出的一系列夏奈尔香水。她穿男友的宽松针织毛衫，她穿起长裤，她用自身的穿着向外传达她所要塑造的新时代的女性形象。

第五章 服饰文化创意的构成因素

本章是对服饰文化创意的构成因素进行分析，通过鲜活的案例对服饰文化创意的人本思想、设计理念、艺术思维、技术支持、跨界趋向五个重要的构成要素进行分析。

第一节　以人为本

一、人本思维与“人穿衣”

（一）人本思维

在服饰发展尤其是女装发展的历史上，对穿着者“人”本身的关注可能要从20世纪初拿掉紧身胸衣和撑架裙开始，以“物”的外力（如紧身胸衣、撑架裙等）打造我们所认为的最理想形象的模式延续了几百年，而在20世纪初的这个节点，多位设计师开始思考怎样才是更尊重穿着者本人的感受。

继前文所述的波烈之后，20世纪20年代开始活跃于时尚舞台的夏奈尔将服装对“人”的关注推进了重要的一步，她所设计那些筒子状的女装通过对女性曲线的“否定”又在很大程度上削弱了衣裳对人的桎梏。

到了20世纪40年代，设计师皮尔·巴尔曼（Pierre Blamain）提倡女装的简洁性与适体性，他认为“自然的而符合形体的线条”的服装才更有价值，他将为女士设计那些能够使她们更为舒适地生活的服装为己任，并以此为目标努力帮他的顾客摒弃那些虚浮的装饰物，打造更为雅致而美丽的形象。

30 年后的 20 世纪 70 年代，“无结构”的服装样式开始走入人们的视野，这可以说是对以往那些注重结构、塑造结构的服装样式的颠覆。

“无结构”的服装样式具有两个特点：一是完全突破“结构”的概念，使穿着者近乎完全不受衣裳的束缚，尽可能地给予人体自由，而使穿着者获得舒适的穿着体验；二是风格简洁，减少不必要的装饰。

（二）“人穿衣”与“衣穿人”

在对服装的研究中，“人穿衣”与“衣穿人”是一个辩证的主题，这涉及的是“人”与“衣”谁是主体的问题。在服装的人本思想发展成熟以后，“人”的穿着体验比“衣”是否漂亮、是否华美、是否体现穿着者的身份更为重要，即穿着主体的穿着体验才是最为重要的。这不仅改变了服装发展的历史，也改变了后继的设计师设计的着眼点——穿着者的舒适、他们的需要以及相关穿着感受被放在一个更为重要的位置上。也因为如此，对面料的开发与选择，对服装的功能性的考量以及“人”的穿着感受与穿着体验，成为设计师首要考虑的问题。

二、典型范例——“一生褶”：可折叠的衣裳

三宅一生是被国际时装舞台公认的日本著名时装设计师，其对本土文化理念的坚守以及在此基础上的创意设计为他赢得了众多中西方设计师的尊崇。

三宅一生的设计是“现代”与“传统”的统一：现代感与高于时代的时尚感是衣服的外观，而其内在则是对日本民族风貌的服饰理念的遵守，这种看似矛盾却完美统一的关系使得他的设计作品具有不一样的风格，不仅开启了不再以西方审美为标准的多

元的服装设计评价体系，这种独特的设计风格也确立了他在时尚界的地位。

三宅一生在其设计中贯穿着人本主义的思考，这在他最为著名的“一生褶”系列里有着集中的体现。三宅一生认为“人”应该是“衣”的主人，随着生活节奏的加快，人们并不需要那些需要干洗和熨烫的、难于收纳的衣裳，真正需要的是那种随时可穿、便于保养、利于旅行的舒适的衣裳。在此理念之下，三宅一生设计了以褶皱面料裁制的衣裳，这种衣服不仅不用干洗熨烫，而且可以随时卷成一团放进行李箱中，到了目的地也不需要打理，只要展开就能平整如新。不仅如此，他还根据不同的需要，设计了简便轻质型、易保养型和免烫型三种褶皱面料，这就是“一生褶”。“一生褶”服装的意义不仅在于好收纳、免熨烫，它的褶也不是随意为之的，三宅一生在设计之时充分考虑人体的结构与运动特点，依照人体结构与动作需求来调整裁片的分割与褶皱的疏密，这使得“一生褶”的服装在平铺时具有疏密有别的立体感，在穿着时又能符合人体的结构与运动的规律，这种具有东方神秘主义色彩的、含蓄而极具创意的设计理念打破了西方服饰审美观，因而获得了巨大的成功。

第二节　理念

一、理念先行

（一）设计是一种理念

服饰设计是一种实践活动，但其发展的根源在于理念的创新和改变。如前文第二章所述，那些引领其所在时代设计风格与着装风格的导向性设计师，无一不是具有自己独特思维与设计理念的设计师：夏帕瑞丽以她独有的幽默和对艺术的良好品位将设计活动打造成一场超现实主义的设计盛宴，从而改变了人们以及她之后的设计师对“服装设计”程式化的观念与认知；三宅一生用他对东方哲学理念的理解改变了西方时尚界的设计范式，突破了以往人们对于结构与动能性的认识。拥有桀骜不驯灵魂的夏奈尔从拿掉女帽上多余的装饰、减小女帽的体积开始，到以“筒子状”女装弱化女性曲线从而削弱女性特征，包括后来的将男裤引入正装、设计中性风格的著名的 5 号香水的瓶身，她所做的都是在着装上打破女性作为男性附属物的既定理念的藩篱。人们常常说迪奥的“新面貌”（New Look）其实是一种旧理念——它只是对20世纪30年代甚至之前的优雅的“女士”（Lady）形象的复归，但不可否认的是迪奥比同时代的其他设计师都更早更为敏锐地捕捉到了时代的脉搏和刚刚经历过残酷战争的人们对以往雅致而美丽的女性形象的向往；在麦昆与保罗·高缇耶这里，服装不仅仅是衣裳，还是表达设计师对这个世界的看法的利器：麦昆的设计饱含了他对历史、家园、女性地位、弱势群体的思考，他以服装为表达手段来展现其对事物近乎哲学性的思考。保罗·高缇耶的设计元素涉及宫廷、宗教、朋克、海洋、童话、人体与民族等丰富而异质的元素，他大胆地将其解码、拆分、混合与重构，元素的杂糅与混搭使得服装呈现出不一样的面貌；他还重新解读了“内衣”这个概念，“尖胸装”就是在服装上重新建构两性世界的大胆尝试。

综上所述我们不难看出，设计在最根本上来讲，其实是一种理念。

（二）理念改变服装发展轨迹

如果我们回顾服装史就会发现，正是理念的改变促成了服装发展的历程。衣服诞生的意义在于其具有保护身体和遮蔽身体的作用；在保障了基本的生产需求，当生产力进一步发展之后，衣服开始有了装饰的作用

马斯洛著名的需求层次理论（Maslow's Hierarchy of Needs）[①]把人类的需求分成生理需求（Physiological Needs）、安全需求（Safety Needs）、爱和归属感（Love and Belonging）、尊重（Esteem）与自我实现（Self-actualization）五类，这五类需求依次由较低层次到较高层次排列。马斯洛需求层次理论中有两个重要的出发点：一是某种层次的需要获得满足后，另一层次的需要才会出现；二是在多种需要都未获得满足的前提下，我们首先需要满足的是最为迫切（最为基本）的那种需求，这种需求满足后，就会向高一层次发展，追求更高一层次的需求就成为驱使行为的动力。但这

① 由美国心理学家亚伯拉罕·马斯洛于1943年在《人类激励理论》论文中所提出。

五种需求的层次并不是固定的，先后次序可能会存在变化。如果我们参照马斯洛需求层次理论来看，服装从产生到发展也是遵循着相类似的轨迹：最初是生理的需求，保护身体与抵御恶劣气候的伤害，如最初遮蔽身体的树叶、兽皮；然后是遮盖身体的安全的需求，尤其女性需要将重要的部位掩盖起来；更进一步是为了归属于某一团体的需求，如古代“昭名分，辨等威”的服饰制度的确立；最后是现代社会人们以“衣”为载体彰显自己的审美与个性。

人们对“衣”的认知以及理念的改变是服装发展史中重要的助力，服饰作为人类物质文明与精神文明共同作用的产物，其发展无疑是受到当时生产力水平的制约，而它的创作者、设计者、穿着者——“人”关于服饰理念的转变则是决定服饰发展的重要因素。

20 世纪 20 年代对于现代女装的发展无疑是一个重要的发展阶段——在这个时间段，不仅确立了现代服装的概念，女装还以一种与以往数百年都不同的存在形式展现在了世人的面前。因为充分考虑了服装的功能性，以往的美观理念则变得不那么重要，“现代主义美学在设计上强调功能主义，讲形式服从功能……功能主义美学给了 19 世纪 20 年代女装设计师观念的解放，功能与传统形式美的矛盾迎刃而解，他们可以放弃西方从文艺复兴时期以来的公认的美的女装形式，甚至不必像波阿烈（波烈）那样用另一种东方的美来替代，而依据功能性进行大胆设计。”[①] 女装第一次不是以突出女性特征而作为设计的前提，一种模糊性别的中性化的设计风格得到确立，被拿掉了的突出女性曲线的紧身胸衣、自然的肩型、放松而呈直身的腰部、提到膝盖以下位置的裙摆、简洁的帽饰、去掉的繁复装饰——这种筒型女装所传达出来的是设计师对女性形象的重新解读，是特定时期的一种巨大的创意思想。这种思想的核心在于女性自身的方便与舒适，而不是男性所乐见的、作为男性附属的妩媚与繁复占据主导的地位，这是首次从女性本身而不是男性的角度来设计女装的崭新的尝试，因

① 余玉霞．西方服装文化解读［M］．北京：中国纺织出版社，2012：165.

而具有里程碑式的意义。这种理念的转变直接导致了设计思路的转变，进而引起女装外观的变化。在这个决定性的时刻中，设计师夏奈尔扮演了重要的角色。除了对服装造型理念的颠覆性设计，夏奈尔还有很多重要的设计理念，如夏奈尔认为饰物的价值在于其装饰而不是在于彰显佩戴者的财富，这种理念在近 100 年前的 20 世纪初叶无疑是非常超前的，于是，她将自己珍藏的真正的珠宝和自己设计的现代的首饰一起佩戴，这种“混搭”的概念在当时无疑具有革命性的意义。

二、典型范例——乔治·阿玛尼与被引入女装的男装元素

乔治·阿玛尼，意大利著名时装设计师，1934 年 7 月 11 日出生在米兰附近一个名为皮亚琴察的小镇上。阿玛尼于 1957 年开始在意大利著名精品百货连锁店 La Rinascente 担任助理摄影师，后来因为偶然的机会进入了公司的设计室。1964 年，阿玛尼为有“意大利时装之父”称号的尼诺·切瑞蒂设计了一个男装系列，并在几年之后成为一名自由时装设计师。1975 年，乔治·阿玛尼成立了自己的同名品牌。“简洁”是他设计的主要风格，他的设计遵循三个原则：去掉任何不必要的东西；舒适原则；简单即华丽。

阿玛尼之前的设计师，在对男装与女装的设计上有着泾渭分明的性别定位，而阿玛尼顺应时代前进的步伐，打破了男装与女装之间阳刚与阴柔的界线。阿玛尼将一些男装的元素引入女装，并引领女装迈向中性的风格，这可能与他曾经的男装设计背景有关，也与他的教育背景相关——遵从父母的意愿，阿玛尼大学念的是医科，在校内主修科学课程，服兵役时曾担任助理医官，这些经历使得他具有一种对事物进行理性分析的态度。因此，恰到好处的“适度”与“均衡”是他的准则，造型简单的套装配以中性化的裁剪，使得阿玛尼的设计具有超越时尚流行的力量。

20 世纪 70 年代，阿玛尼推出了一改之前硬朗造型的男装系

列，他所做的创新是去掉垫肩，改变人为的更具造型感的男性形象，有些外套甚至去掉了内衬，因而呈现出更为宽松而柔和的外观。随后，阿玛尼迎来了他职业生涯中重要的设计创作闪光点——留名服装发展史的女性职业装“权利套装”（Power Suit），这种用男性外套面料做出的女性套装受到了当时注重自身地位的女性的青睐。在随后的 20 世纪 80 年代，像前文所述去掉垫肩甚至内衬而弱化男性形象一样，阿玛尼为了弱化女性形象而将男装元素——垫肩运用到女性套装上，从而掀起整个 20 世纪 80 年代女装外观廓形的改变风潮。

阿玛尼为男装与女装所做的这些改变打破了男装要素与女装要素之间的藩篱，与其说是一种服饰现象，毋宁说是一种服饰理念的创新，从而在一定程度上改变了现代男装与女装的发展轨迹。

第三节　艺术

一、艺术点亮生活

（一）服装中的“艺术”

1965 年，法国时装设计师伊夫·圣·洛朗以蒙德里安经典的三色块画作设计了一系列女装，黑线加红、黄、蓝、白组成的四色方格构成了色彩鲜明、简洁又富有张力的图案，一经推出就引起轰动，这就是著名的“蒙德里安裙”。

荷兰画家蒙德里安是抽象主义画派的创始人之一，“几何形体派”的代表性画家。他主张将丰富而多彩的世界浓缩为数学关系，归纳为点、线、面，色彩还原为红、黄、蓝三种颜色，以色块来探寻比例与分割，寻找画面的均衡与美感，建立一个秩序与理性的世界。他的这种“几何抽象”绘画形式给服装界提供了取之不尽的灵感。这种“几何抽象”的绘画形式是由大小不同填充红、黄、蓝三色的格子组成，边缘的黑线既是分割线也是装饰线，给人以强烈的视觉冲击，构成感十足。除了圣·洛朗之外，巴尔曼（Balmain）、普拉达（Prada）、芬迪（Fendi）、亚历山大·王（Alexander Wang）等服装品牌也纷纷从蒙德里安的红黄蓝色块中寻找灵感。

（二）设计大师与“艺术”

三宅一生的一生褶服装大部分都是纯色的，但也有例外，比如他设计的一件褶裥长裙面料是带皱褶的涤纶聚酯纤维，以古典画家安格尔的名作《泉》作为主体的图案，画中女性的胴体与穿着者的身体有着曲线的契合。

我们在迪奥的设计中能够看到一种若隐似无的艺术气息，一种近乎极致的优雅，这很大程度上得益于迪奥不一样的视野以及他与艺术界人士的交往：他的交友名单包括了达达主义艺术大师萨尔瓦多·达利（Salvador Dali）、抽象派大师巴勃罗·毕加索（Pablo Ruiz Picasso）、绘画大师克里斯汀·贝拉尔（Christian Bérard）、音乐家亨利·索格（Henri Sauguet）、作家莫里斯·萨克斯（Maurice Sachs）等人，这些人都在一段时间后成为自己所在领域的佼佼者。迪奥从巴黎政治学院毕业后，在父亲出资下开了一家画廊，展出贝拉尔、达利、伯曼兄弟等艺术家的作品。

与此类似，夏奈尔、夏帕瑞丽等设计师都与她们所生活的时代的著名的艺术家、文学家、戏剧家过从甚密，她们从中汲取艺术的养分来滋养自身的设计。

克利斯特巴尔·巴伦夏加（Cristobal Balenciaga），巴黎高级时装设计师，世界著名奢侈品牌巴黎世家的创始人，1895 年出生于西班牙的圣桑巴蒂安，1937 年于巴黎开设高级时装店。

巴伦夏加具有超群的审美鉴赏力、设计感，且精通裁剪和缝制，被称为“剪子的魔术师”。巴伦夏加的设计作品具有建筑般的塑形感，将建筑的审美与衣服的结构相结合是巴伦夏加最为擅长的设计领域，因此他的服装具有非同一般的艺术感。巴伦夏加先于迪奥的“新样式”设计出了突出女性腰部的塑形女装，随后又推出了放松女性背部曲线的蚕茧状大衣以及造型独特的球状裙。他能够轻松地将建筑艺术理念融合于女装上，二者不仅无缝对接，还塑造出具有简洁意味的优雅模式。他的这种设计能力受到包括夏奈尔、迪奥等设计师的推崇，甚至有“现代女性无不以某种形式穿着巴伦夏加的作品”的说法。

二、典型范例——“时装艺术”的发展

（一）“时装艺术”的概念

在研究艺术对服饰业发展的意义时，“时装艺术”（Fashion Art）是一个很好的研究对象。它结合了“时装”与“艺术”两个要素，为行业的发展提供了新的思路。

“时装”，顾名思义，是具有时间性特征的服装。它是在一定时期（时间），一定区域（空间）出现，为某一阶层所接收并崇尚的衣服。[①] 它具有“一过性”的时效特征。如何突破时间限制的藩篱，艺术元素的注入提供了可能性。

先来看“时装艺术”的定义。将“时装艺术”的概念引入中国的艺术家、设计师、中央美术学院时装专业创始人吕越教授对其进行了如下定义：“时装艺术，顾名思义强调的是与时装相关的艺术，是一种艺术形式，这种艺术的核心特点是：强调以服装为媒介和题材，来表达个人情感与精神世界。属于现代艺术的一个分支，类似于现代艺术中的装置艺术，具有创造性、思想性、艺术性和前瞻性的特性，对服装设计具有导向和指引的作用。”[②]

在进行“时装艺术”创作的时候，艺术家利用服装所特有的构成元素来进行创作，而艺术独有的特质，又升华了服装的内涵和形态。在这里，艺术家摒弃了较为传统的创作方式，如绘画、雕塑等，以服装为载体，来表达其艺术主张；而设计师在这里摒弃的是其设计师的身份，是从艺术创造的角度出发，去除服装的功能需求而从艺术的角度阐发自己对其精神需求的表达。

在吕越教授看来，“时装艺术”有如下几方面特征[③]：一为创造性，即时装艺术具有不同于一般事物的创新性。二为思想性，即时装艺术蕴涵着丰富的精神内涵：“我们就会明白为什么以万

①华梅，周梦．服装概论［M］．北京：中国纺织出版社，2009：5.

②吕越．时装艺术·设计[M]．北京：中国纺织出版社，2016：3.

③吕越．时装艺术·设计[M]．北京：中国纺织出版社，2016.

物为对象的艺术，不论表现的是万物的内在要素的一个深刻的部分，还是万物的发展的一个高级的阶段，都是高级的艺术。”[①]且每个人面对同一作品都可以有自己的理解。三为广义的艺术性，时装艺术以与人们生活息息相关的“衣服”为载体，这就决定了它天生具有可以被大多数人所接受和欣赏的特质。四为超前性，时装艺术是一个年轻的艺术门类，因为是以时装为艺术载体的艺术创造，对人们习常的审美习惯而言，它无疑是走在时尚潮流的前端。

（二）“时装艺术”的发展

1. 发轫——当时装成为艺术

时装艺术的发轫可以追溯到 20 世纪 60 年代。美国新锐艺术家举办了一个规定参展艺术作品必须是可以穿在身上的、关于服装的展览，由此引起广泛的关注。参展的艺术家们将诸多艺术形式的创作运用在服装上，他们重新挖掘了乡村服饰手工艺这座工艺宝库。人们开始重新审视之前仅仅作为“衣裳”的“时装”，开始考虑以“时装”进行创作的更多的可能性。在此时期，自由主义、商业主义逐渐介入艺术领域，从而使得艺术展览与设计的界限越来越模糊，这也为“时装”与“艺术”的结合创造了适合的土壤。

20 世纪 80 年代，把服装上升到哲学层面的日本设计师三宅一生和讲究禅宗思想的山本耀司，进一步探讨了艺术与设计之间的复杂关系：影响、碰撞与分离。这种以“时装”为媒体来表达对艺术、理想、精神、情感的诉求方式一直延续至今，与此同时，对于纯艺术与实用艺术之间、艺术与生活之间的关系的思考从未停止。

2. 可穿的艺术—不可穿的艺术—时装艺术

“时装艺术”经历了三个阶段发展，分别是“可穿的艺术”（Art to Wear, or Wearable Art）、“不可穿的艺术”（Unwearable Art）与“时装艺术”（Fashion Art）。

① 丹纳．艺术哲学 [M]. 北京：人民文学出版社，1961：393.

（1）“可穿的艺术”阶段。“时装艺术”源于20世纪60年代美国的“可穿的艺术”。这一艺术形式所要创作的作品不同于商业时装，是非主流的、可穿着的、独一无二的衣服，“时装”在这里是艺术家向外传达他（她）的观念和思想的载体。

20世纪60年代“年轻风暴”引领了反传统反体制的浪潮，这其中包括对工业化大批量生产方式的否定——批量生产的成衣是按照统一规格尺寸生产出来的千篇一律的衣裳。这与此时所提倡的尊重纯手工制作的理念背道而驰，艺术家们认为批量生产的成衣是没有“灵魂”的衣服，因而引发了“可穿的艺术”运动，其代表人物有 Sharron Hedges、Janet Lipkin、Jean Williams Cacicedo、Schwartz Knapp 和 Mariko Contompasis。关于“可穿的艺术”的代表著作有 *Artwear: Fashion and Anti-Fashion*、*Art to Wear*、*The Kimono Inspiration: Art and Art-to-Wear in America*。

在“可穿的艺术”运动中，有的艺术家利用有着宽大平整的布面的日本和服来进行绘画创作或者图案装饰，如 *Sharron Hedges*；还有一些艺术家则运用手工缝纫和手工编织的形式来进行创作，如 *Janet Lipkin* 和 *Dina Knapp*。以上这些使得时装进行了跨界的尝试，很具巧思与创意。

（2）“不可穿的艺术”阶段。时代向前发展，服装的面料也层出不穷，开始出现不止传统纤维或织物的材质。继“可穿的艺术”运动之后，一些日本的艺术家们，如三宅一生和山本耀司，开始新的思索与尝试，“可穿的艺术”转变成为更具可塑性的艺术创作。

在这里，艺术家们所创作的艺术作品只是具有服装的“形”，但它的最终目的却不是为了穿着，由此，从“可穿的艺术”之中诞生了“不可穿的艺术”，创作者们以一种实验性来探索“人”（人体）与“物”（衣裳）之间的关系，来表达自己的艺术主张与所思所想。比如一个著名的例子就是由通电的彩色电线和彩绘灯泡缠绕的和服廓形的袍子，是由日本艺术家田中敦子于1956年设计的，这种极端的服装不具备通常服装的实用性，而仅是一个大胆的舞台作品。这一阶段的时装与艺术的结合更为紧密，艺术家开始了其作品穿着方式上的多层面的探索，此时“时装”与“艺术”的结合具有更多的先锋性与实验性。

（3）“时装艺术”阶段。“不可穿的艺术”之后，“时装”与“艺术”的关系更为成熟，“可穿”与“不可穿”都已不再是判定的标准，“时装艺术”在此时更完美地连接了“时装”与“艺术”——它是更为艺术的时装，是以时装为载体的艺术。“时装艺术”的创作者以“时装”为载体，表达艺术主张、抒发心灵诉求，展露情感线索。而以“时装”为载体的艺术表达则注定与穿着时装的“人”相联系，从而使得在此背景之下的“时装艺术”作品更具有温度与感情要素。相对于一般的“时装”而言，“时装艺术”在创作的广度、艺术的表达与情感的张力上具有更大的优势：更为饱满、更具有冲击力，更能引人思考。

（三）“时装艺术”的地域特性

1. 欧洲“时装艺术”

在20世纪，国际时装中心的欧洲，尤其是高级时装的发源地法国，深厚的文化背景与浓郁的艺术氛围为众多国际著名时装设计大师的成长提供了丰沃的土壤。在这种氛围之中，“高级时装”自诞生之日起就与艺术密不可分。

法国设计师让·保罗·高缇耶曾在卡地亚艺术基金会（Fondation Cartier）的邀请下，将时装与面包相结合，创作出“面包服饰”（法文为：Pain Couture）系列作品，将他作为时装设计师的职业与他孩童时想做一个面包师的童年梦想进行了完美结合，当然，这些有着面包香气的衣服是不能在日常中穿着的。

20世纪末，英国成为培养年轻一代新锐时装设计师的基地，其中，亚历山大·麦克奎恩（Alexander McQueen）和胡塞因·卡拉扬（Hussein Chalayan）是英国时装界最为突出的年轻一代新锐设计师。在2000年英国秋冬时装周上，通过模特儿的演示，胡塞因·卡拉扬像变魔术一般，把舞台上陈列的家具变成了服装。

这一主题为Afterwords（后记）的系列作品打破了传统观念中“时装”的概念，巧妙地连接了时装设计与家居设计，他也因为这个系列作品获得当年英国年度设计师大奖。

2. 亚洲“时装艺术”

20世纪70年代开始，日本服装设计师带着他们充满东方情调的作品，先后登上了世界时装舞台。其中，三宅一生、川久保玲和山本耀司备受关注。他们在东西方服饰文化的碰撞与交融中，将传统的东方美学与哲学思想融入现代服装之中，具有很高的艺术价值。

20世纪末的韩国，在政府部门的大力支持和企业的积极赞助下，国外的艺术资源也不断引进韩国，为“时装艺术”在1986年进入韩国后的顺利发展提供了便利条件。韩国的“时装艺术”在短短十余年间，就步入了国际化的轨道，享有了一定的国际声誉。在此期间，韩国艺术家们携其作品，在世界各地成功举办过若干场“时装艺术”展览，反响热烈，韩国艺术家琴基淑（Key-sook Geum），是其中的佼佼者（见图5-1）。琴基淑1951年生于美国纽约，就职于韩国首尔弘益大学艺术学院纤维艺术与时装设计系。在从事时尚行业和服装设计之后，于1996年开始创作金属丝系列时装雕塑至今，其作品获得了艺术上和商业上的双重肯定。

图 5-1　琴基淑时装艺术作品

3. 中国“时装艺术”

21 世纪以来，中国经济的飞速发展极大地丰富了人们的物质生活，人们开始了对精神生活的追求，国内的艺术品市场也随之繁荣起来。而此时的中国服装产业也在努力自“中国制作”向“中国创造”转型，“时装艺术”以此为契机走进中国。

“时装艺术”能够走进中国得益于吕越教授对琴基淑教授的学术邀约。2006 年，在两位教授的共同指导下，主题为“以纸为料”的“中韩 FashionArt 交流展”在中央美术学院举行，揭开了“时装艺术”在中国扎根的序幕。吕越集教授、设计师、艺术家、策展人为一身，她善于运用中国传统文化如阴阳属性、传统工艺如刺绣等元素与现代理念相结合，或是完全西化的元素如灯泡等进行时装艺术作品的创作，具有鲜明的个人特色。

4. 国际时装艺术展

中国的第一次国际时装艺术展览是在 2007 年 9 月 29 日到 10 月 16 日期间，北京举办了“和——中韩 Fashion Art 交流展”，这次展览是首次面向公众的时装艺术展览，由中国北京纺织服装协会设计师分会、韩国时装文化协会和韩国服饰学会共同主办。参加展览的艺术家多为来自中韩两国的大学教师。展览作品用具有艺术性的服装形式，传达着作者的感情与思想，让观众耳目一新，沉浸其中，第一次向公众展示时装带来的艺术视觉（见图 5-2）。

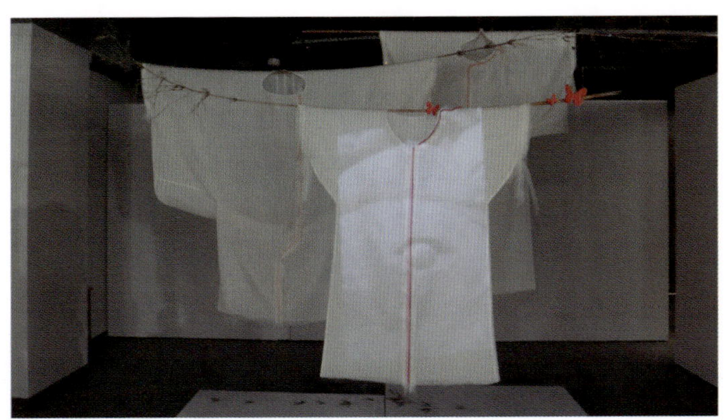

图 5-2　吕越时装艺术设计作品

继2007年的“和”中韩交流展之后，2008年的“从哪里来”、2010年的“绿色态度”、2012年的“游园”、2013年的“日日夜夜”，直到2019年的每一届时装艺术展览都有不同的主题，艺术家根据主题来思考创作。时装艺术展览是面向世界的，相继越来越多的国际艺术家、设计师参加展览。时装自身的魅力无穷，此时既和艺术联系在一起，重在思考物体本质、艺术之于人类、艺术之于物体的意义，也通过时装这种载体思考身体与物的关系，心灵与物的关系，物与物的关系、人与人的关系都可以在时装艺术中缤纷呈现。艺术家用其视觉、触觉、听觉，充分表达自我观念，新事物在这里层出不穷，老物件在这里重获新生，以四维角度来向人们解读时装的艺术（见图5-3）。

图5-3 “设计北京”论坛上吕越讲解自己的时装艺术作品

第四节　技术

一、技术改变与穿着体验

科技的发展日新月异，与我们的日常生活息息相关，为我们的生活带来了翻天覆地的改变，也为我们带来了前所未有的便利。当今社会，服装行业与科技的发展有着密不可分的关系。服装流行的变迁与时代的政治、文化、艺术、民族习俗有着密切的关系，但另一不可忽视的因素就是它与科学技术的关系。

（一）科学技术对服装发展史的直接影响

科学技术对服装发展史的直接影响主要体现在生产设备、染织整理技术、服装材料三方面。

1. 生产设备对服装发展史的影响

首先，生产设备的发展提供了服装不断演变、发展变迁的可能。从工业革命开始的纺纱机到 18 世纪中期的机械化缝纫机，再到 21 世纪后以自动化为主的纺织机、缝纫机发展变化的历史过程中，服装受其影响也随之走过了一段由手工定制、缓慢、单一样式到快速反应、瞬息变化、多样化产品的一个过程。

现代专业机器、缝纫机、高速针织机拥有在一分钟内操作5000 ~ 6000针的高速操作动力；绣花机能够被设计成通过旋转刻度盘来变换不同刺绣的模式，并且能够在同一时间在多块面料上刺绣同一种花样；缝边机能够通过超声波进行“焊接”，利用黏合机器对两块厚度的面料进行粘接；一些机器甚至可以黏结纤维，使得新型的无纺织物比通过毡合成的一般无纺织物更加柔软和精巧。生产设备的发展提供了服装加工制造重要的物质基础，从另一方面推动了服装多元化风格的形成。

生产设备的演变使传统的生产方式、经营模式发生了变革。中国服装从以加工为主的劳动密集型产业迅速发展成为以高新技术企业为主的知识密集型产业。

2. 染织整理技术对服装发展史的影响

染织整理技术主要包括制造和使用更多品种的人造纤维，制造人造纤维和天然纤维的混纺纤维，对常规面料进行艺术染整后加工。其技术的发展高峰在20世纪后期21世纪初，直接目的是为了提高服装质量、外观和功能。如从木浆中的天然纤维素中提炼出来的天然的人造纤维环保面料“天丝”，不仅为布料塑造出一种特殊、豪华的手感，还可制造出丝绸般清爽平滑、手感柔软如软皮革等多种不同的面料风格；通过织金、机绣、水洗、磨刮等后整理手法处理的织物，赋予普通织物多样化、艺术化的感觉。新的织物后整理方法的发展，不仅在外观上增强了服装的视觉效果，还使得在过去不能流行的时尚成为可能。如亮白色因能抵抗日晒、雨淋或皂洗而不褪色而立即被世人接受。褶裥在经过处理后不管水洗还是干洗多少次后仍能保持折缝，此优点让褶裥颇受欢迎。染织整理技术的发展减少了约束服装创作时须考虑的多种因素，赋予了服装全新的外观。

3. 服装材料对服装发展史的影响

服装材料是服装三要素中最为重要的要素，服装的发展在很大程度上受到材料的影响，服装的发展史也是服装材料的发展史。

从棉、麻、毛、丝这四大天然纤维的使用，人类的服装文化才是真正开始，也开始有了种类繁多的衣物，并且服装在人类生活中占有越来越高的地位。

19 世纪末 20 世纪初各种人造纤维开始出现，如人造丝、尼龙、涤纶、腈纶等。人造纤维取材广泛，煤炭、石油、矿石、各种木材和植物都可以作为原料，不受自然条件的局限，所以价格稳定而低廉，而且可以通过技术的提高大批量的生产，从而继续降低价格。人造纤维的长度、细度可根据需要进行变化，增加了服装的花色和品种，服装也因此而更加丰富，使服装具有良好的耐用性、舒适性和外观性能，提高了服装为人类服务的功能。

时代发展到今天，通过天然纤维和化学纤维的使用，人类的服装已经达到了前所未有的高度，其功能性更为显著。如人类要拓展生存的空间，可以进入太空，进入深海，都需要借助服装的帮助，而实现这些帮助，仍然须借助服装材料的不断提高。我国已经成功地进行了“神舟飞天”的试验，神舟七号的航天员能够圆满完成航天员出舱等四大实验，得益于宇航服的帮助，宇航服必须能够具备耐热、耐寒、耐宇宙尘的功能，其构造是多种纤维材料的综合应用，其中最外层是经过四氯乙烯处理的玻璃纤维织物，里面是铝合金和塑料薄膜层，再里面是两层的合成橡胶和尼龙的构造。

人们潜水所用的潜水服有干式、湿式两种。干式潜水服最常用，由泡沫合成橡胶的材质制成，渗入的冷水被衣服隔绝不会再渗透出去并迅速由体热传导变热。湿式潜水服由发泡橡胶或尼龙布制作，贴身穿着，进入的少量水在潜水服与皮肤之间呈不流动状态以保持体温。

总之，服装材料的发展与服装的发展是息息相关的，服装功能的需求会促进服装材料的研究和创新，没有相应的服装材料也就没有我们想要的服装造型。

（二）科学技术对服装的间接影响

服装的发展变迁离不开当代社会的主流文化，而作为促使社会主流文化不断发展演变根本原因之一的科学技术，对服装的形成与变迁有着多方面的间接的影响。

首先，在思维观念上，影响着人们对时尚的选择。科学技术的发展，产生新的物质文化，使社会产生一种新的生活方式，因而导致了人们在审美观念、道德观念上发生变化。人们面对日益丰富的物质生活，面对日益发达的信息时代，产生了不同于以往时代的审美情趣，对时尚也有了不同的选择，服装的面貌就会因此产生很大的区别。

其次，在时尚流行传播方式上，影响着服装发展变化的速度。现代信息传播手段为经营活动创造了有利条件。20 世纪初，各种信息的传播速度相当慢，一个地区的人们要知道这个国家另一个地区的人穿着什么款式的衣服，往往要花数周的时间，时尚流行保持着同信息传播一样缓慢的节奏。但随着科技的发展，电子时代的到来，高速高量、多种类的信息流通、卫星通信的电视广播成为传播时尚信息的媒介，著名的设计师为明星们创造特别的时尚造型，受大家喜爱的明星、肥皂剧的主角和脱口秀的主持人的服装和发型的变换在第一时间传达到观众眼中，时尚的发展变化也随之达到了一种日新月异的速度。科技进步一方面推动了收集精英层时尚信息的速度，另一方面又引导着大众时尚的传媒技术，为服装时尚的流行起着推波助澜、不可缺少的作用。

技术的发展为服装的变迁提供了先进的生产设备与技术，丰富了服装面料的花样与色彩，提高了服装面料的性能，加快了服装演变发展的脚步。

二、典型范例——3D 打印服装

（一）3D 打印的概念

3D 打印即快速成型技术的一种，它是一种以数字模型文件为基础，运用粉末状金属或塑料等可黏合材料，通过逐层打印的方式来构造物体的技术。常在模具制造、工业设计等领域被用于制造模型，后逐渐用于一些产品的直接制造，已经有使用这种技术打印而成的零部件。该技术在珠宝、鞋类、工业设计、建筑、工程和施工（AEC）、汽车、航空航天、牙科和医疗产业、教育、地理信息系统、土木工程、枪支以及其他领域都有所应用。3D打印常用材料有尼龙玻纤、耐用性尼龙材料、石膏材料、铝材料、钛合金、不锈钢、镀银、镀金、橡胶类材料。

3D 打印技术运用到制衣上主要有三个关键点：一是自动 3D 身材测量系统；二是自动 3D 制版系统，将前面测量的数据以及客户对花型的选择转化为机器能识别的语言；三是 3D 编织机，这也是最关键的一步。3D 打印在产品生产加工过程中比传统工艺更具优势，尤其是在原材料耗损方面，3D 打印可以达到传统制造业难以媲美的高度。

（二）3D 打印技术在服装中的应用范例

2009 年，法国艺术家丹尼尔·威德里格创建了自己的 3D 服装工作室，并于 2010 年与荷兰时装设计师艾里斯·范·荷本（Iris Van Herpen）合作，采用光固化 3D 打印技术完成了一系列礼服，并在阿姆斯特丹时装周上进行了发布，引起了轰动。这些以光敏树脂为原材料，经过一系列加工得到的绚丽多彩的礼服，被美国《时代》周刊评为 2011 年 50 项最佳发明之一，这也开启了服装与 3D 打印技术的结合之旅。艾里斯·范·荷本后来陆续推出了很多作品，如 2011 年年初的巴黎时装周上的“空想”系列，双翼般上翘的肩部轮廓，海洋生物般富有动感的褶皱，富有艺术感的创意造型让人见识到了真正立体的服装。同年 7 月的巴黎高级时装展上，他又推出了“跳跃”系列，其中的“白色骨骸装”让冰冷的骨架贴合人体曲线，玻璃镜片和如蛇一样的金属管摇身一变成为最美丽的配饰及裙衫。Micheal Schmidt 和 Francis Bitont 共同设计了世界上第一件完全使用 3D 技术打印的礼服。

2013春夏巴黎女装高级定制秀艾里斯·范·荷本又发布了一个系列的3D打印服装作品，作品名为“电压”（Voltage），并获得了2013年荷兰设计大奖。这一系列的3D打印服装不仅结构和廓形很有设计感，材料和色彩相比之前也有了很大提高，给人以高级定制服装的感觉。同时这个系列的服装穿着舒适，易于清洗，3D服装开始变得能穿了。2013年3月4日，服装设计师Micheal Schmidt和建筑设计师Francis Bitont共同设计了一件尼龙网格礼服，明星蒂塔·万提斯在曼哈顿出席一个走秀活动时穿上了这件礼服。这是世界上第一件完全由3D打印技术制作的服装。

2015年7月7日，Chanel 2015年秋冬高级定制服装秀上，香奈儿首席设计师“老佛爷”卡尔·拉格菲尔德也将3D打印技术运用到服装中，并登上时装周舞台。这标志着3D打印技术不再仅仅被高级定制的工作室关注，同时也吸引了世界著名企业的设计师的加入。

运动品牌的企业在吸收新科技方面，似乎永远走在前头。体育巨头阿迪达斯很早就开始关注3D打印技术，并尝试将此技术用于运动鞋的设计和生产。2016年，阿迪达斯与创意环保设计公司Parley合作推出了一款以海洋废弃塑料为材料的3D打印跑鞋。无论从应用新科技方面，还是环保意识方面，都吸引了很多人的关注。2017年，阿迪达斯与Carbon公司合作，计划利用液态3D打印技术，批量生产Futurecraft 4D运动鞋，实现限量的个人定制运动鞋的生产，预计今年能生产5000双。

内衣的市场巨大，但是一件舒适又非常适合自己的内衣很难找到。据英国媒体报道称，诺丁汉特伦特大学学生为女性设计了一系列3D打印的内衣，打印出来的内衣不仅外观优雅，而且可以保证与使用者的身材完美契合。另外该大学学生强调，这些3D打印的内衣采用了高弹力的硅胶，所以灵活度、耐久性、光滑度都很不错，同时弹性硅胶固化后变得十分坚硬和灵活，与皮肤接触时也很舒服。

瑞士洛桑时尚设计团队使用3D打印技术为客户量身定制内

衣，他们设计的内衣极具想象力。设计师使用 3D 打印笔，通过点、圆、线的完美结合，勾画出一个个精美的图案。使用 3D 打印技术制作内衣，与传统服装行业最大的不同，是能让设计师随心所欲地完成自己的作品，而不用顾忌传统的流水线生产，每一件 3D 打印的内衣都是与众不同的，这非常适合内衣行业，因为内衣不仅要漂亮，而且要合身，3D 打印的内衣能完美地结合这些，这也是 3D 打印的一个契机。

一个名为 threeASFOUR 的团队设计的 3D 打印服装首次亮相时，穿着这种长袍的模特看起来有一种“机器人”的感觉。其中有一件衣服是用白色的泡沫制作的，模特看上去好像是刚从泡泡浴缸里走出来。这些模特不能坐下，否则衣服就会破碎。当时是 2013 年。但 threeASFOUR 团队的最初目标不是制作这么脆弱的衣服。团队领袖盖比·阿斯福（Gabi Asfour）本来想发明的是超级英雄穿着的那种面料：防弹、防火、耐压，而且耐热或耐寒。就目前来说，与 3D 打印这样的新兴方法相比，传统织造和缝纫业积累了数千年的经验，可以制造出更加耐用高效的服装。不过，这并没有阻止 threeASFOUR 和其他创业设计师团队继续探索新兴方法的步伐。

自 2009 年左右，阿斯福就开始对 3D 打印感到好奇。传统织物基本上是二维的——水平排列、垂直排列、十字交叉。而拥有马里兰大学机械工程和建筑学士学位的阿斯福想要发明“3D 联锁编织”，他和伙伴们打算在激光切割的帮助下实现这个设想。很自然，后来他们就被吸引到了 3D 打印上。阿斯福认为之前的大多数面料都可以在 X 和 Y 平面上拉伸，而 3D 打印将允许材料在 Z 平面上拉伸，这样制作的织物会更透气，让运动变得更容易。最重要的是，面料上不会有皱纹。阿斯福和合作者开始探索 3D 打印的信息，最终他们开始与 3D 打印公司 Materialize 以及罗恩伯格合作。罗恩伯格曾在维多利亚的秘密 2013 年时装秀中设计 3D 打印的天使之翼，但事情比想象难得多。主要问题是，3D 打印材料比一般服装的织物要坚硬得多。无论怎么改变各种材料的内部几何形状，以便增加更多的拉伸力，它们都很容易破碎。阿斯福发现实用性是个大问题。不过，随着材料的逐渐改善，threeASFOUR 与 3D 打印公司 Stratasys 以及设计师 Travis Fitch 合作，推出了“2016 年秋季生物模拟系列”时装。其中一件名叫“穿山甲”，花了 500 小时打印，10 台打印机同时开动，之后还要进行组装。穿山甲是唯一一种有鳞片覆盖的哺乳动物，模特穿上“穿山甲”衣服就像是当代女祭司：一件黑暗而又女性化的甲胄。为了制作穿山甲的鳞片感，设计师们使用了一种模拟细胞分裂的算法。这个生物模拟系列中的另一件衣服名叫 Harmonicgraph，它是模仿声波的几何形状制作的，使用了橡胶材质，可以拉伸和收缩，就像记忆海绵床垫一样。它的格子在坐下时压缩，站立时弹回。

2014 年 12 月，一家名为“神经系统”的设计工作室制作出一款能像真正的织物一样自由摇摆的 3D 打印裙子。设计师杰西卡·罗森克兰茨（Jessica Rosenkrantz）先在 CAD 程序中建立服装的 3D 模型，接着将该模型分解为上千个大小各异的三角片，并在计算机中将三角片处理到最薄，最大限度地减少成品的重量。由于使用了特殊的三角片拼合技术，打印出来的 3D 塑料裙子质地贴近普通布料，裙子贴身又有形。这是 3D 打印服装的一大突破，通过结构的变化达到一定程度的服装可穿性。

虽然我国的 3D 打印在技术水平、技术标准、产业规模和产业链方面还远远落后于发达国家，在 3D 技术的研发投入方面也无法与发达国家相比，但近几年，随着国内 3D 打印产业市场的发展，相关领域的院校、机构、专家都开始不遗余力地研究 3D 打印技术及其应用。在服装领域，开始出现一些企业和院校投入大量资金和精力去研究如何让这项技术在服装领域获得更好更快的发展。2014 年青岛时装周上，最大的亮点莫过于两款 3D 打印时装，它们甫一登上时装周首日发布的秀场，就引起了人们的高度关注。

（三）3D 打印技术的前景与限制因素

3D 打印技术的商业化应用，一直是备受争论的话题。看好者认为 3D 打印技术是时代的革新，是第四次工业革命；不看好者则认为 3D 打印只是噱头而没有实际操作的可能。在服装领域，3D 打印技术同样存在争议，有的专家认为 3D 打印技术在设计方面能为设计师带来更多的灵感，并为设计师提供更大的创作空间，未来的服装设计师凭借 3D 打印技术完全不用担心自己的设计是否能实现。从市场的角度，3D 打印技术能很好满足目前市场对于服装个性化、定制化生产的需求。未来的某一天，人人都有望穿上独一无二的定制服装。从生产的角度，将 3D 打印技术应用于服装生产线，能缩短产品研发周期、节省原材料、提高生产效率、降低生产成本。从产业的角度，3D 打印技术能为服装行业带来变革的力量，在某些方面改变制造业的生产方式，大力促进服装制造产业的转型升级。而另外一些专家表示怀疑，认为 3D 打印技术被过于“神化”了，不应该被寄予过高的期望。一方面，无论是工艺、材料还是设备，3D 打印技术都存在着许多难以攻破的问题；另一方面，在大批量生产方面，3D 打印无论是从速度、成本还是技术的成熟程度上，都比不过传统制造的方式。

实际上，这项新技术并不是要取代成熟的传统服装设计和生产方式，而是在服装的创意设计、概念表达，甚至以后的高级定制上找到发挥自己作用的领地。3D 打印技术可以与传统服装制造业技术共存互补，两者之间取长补短，相辅相成，一起促进服装行业的转型。另外 3D 打印技术自身也在不断地发展、改进，不断有新的打印材料涌现。比如，2013 年由一对以色列夫妇所创的英国曼彻斯特 Tamicare 公司，开发了一种名为“Cosyflex”的 3D 打印系统，可以制造一种弹性的、可生物降解的织物，并用这种织物研制出世界上第一款 3D 打印一次性内裤。“Cosyflex”材料和现有的传统工艺制做出的面料极为相似，富有弹性又舒适。所以，3D 打印技术也在逐步扩大自己在服装领域的应用点。

服装制造业对 3D 打印技术有着极高的期望。很多人希望这项技术在服装领域的运用能够像机械制造领域一样结出硕果，甚至希望将来能够实现将“设计图”输入进去，而“服装”就能快速地生产出来的个性化定制。但就目前的3D打印技术来说，距离这个目标还有很长的一段路要走。目前，3D打印技术在服装领域的应用还有诸多限制因素：一是材料的限制。传统的服装材料包括天然纤维和化学纤维两大类，纤维通过纺纱技术制作成纱线，纱线又通过针织或梭织技术形成面料。这样的面料能够满足人体对穿着服装要求的基本性能，包含透水性、吸湿性、透气性、刚柔性、弹性、保暖性等，传统服装材料可以直接与人体产生亲密接触。目前3D打印材料的种类早已超过200种，涵盖了刚性、柔性、透明和半透明等不同属性的材料。虽然打印材料的颜色也已经覆盖了全彩色，但这些材料仍无法与服装材料相提并论，无法具备传统服装材料的性能，很难贴身穿着。二是高昂的成本。作为一种高消耗的技术，3D打印的设备和材料都很昂贵，特别是能够打印柔性材料的设备。目前3D打印设备主要有桌面级和工业级两种，桌面级3D打印机的价格在2～5万元人民币，打印精度较低，无法用于工业化生产。工业级3D打印机的售价在几十万到几百万元人民币，除了设备昂贵外，使用的材料也不便宜，特别是柔性材料和透明材料，每公斤都要1000～2000元。这些都不是普通小型企业能够承担起的。除了设备和材料外，设计和制作数字化模型的费用也较昂贵。3D打印的前提是使用辅助设计软件（CAD）进行建模，设计一个模型，特别是一个复杂的模型，需要大量数字化建模方面的知识，需要熟悉三维建模软件（如3D MAX）的操作并掌握创作的技巧，能够根据具体情况进行修改调整，达到作品的理想状态。尤其在服装领域，掌握3D服装建模的人才极为稀缺，目前已有的3D打印服装案例，绝大多数3D成衣作品都是由服装设计师和专业的3D打印公司合作完成。据2016年普华永道（PwC）和制造研究所数据统计，阻碍3D打印普及的因素中，排在前四位的依次是3D打印成本、人才缺乏、成品质量的不确定，以及打印机的速度。三是设计制作周期长。2015 年 7 月，以色列知名设计师丹尼特·派格（Danit Peleg）设计了五套 3D 打印服装，并尝试用一种强韧的柔性材料 FilaFlex 打印出来，每一件服装从设计到成品制作完成都花了近 400 小时。此外，打印效率与打印质量呈负相关，即当打印机的打印精度变高时，打印速度就会变慢，效率则越低，反之亦然。基于这样的打印特征，3D 打印只能用于单件、小量、个性化产品的生产，还不能用于大批量产品的生产，3D 打印服装距离走进我们的日常穿着也还有很长的路要走。

第五节　跨界

一、跨界与时装

（一）跨界

跨界，指的是两个不同领域的合作。跨界的这两个“界”距离可能比较近，也可能相距甚远，跨界所产生的作品可以让原本距离很近、有一定距离或毫不相干的元素融合在一起，产生新的亮点，从而引起消费者的兴趣。跨界在今天更代表了一种新锐的生活态度和审美方式。

虽说近来非常流行，但在艺术领域，跨界的概念确属平常，尤其是跨界的艺术家古已有之，比如，欧洲文艺复兴时期的艺术家达·芬奇（Leonardo Da Vinci）和米开朗基罗（Michelangelo Buonarroti）。前者集画家、雕塑家、设计师、建筑师、科学家、工程师于一身，在美术、音乐、文学、数学、解剖学、地质学、天文学、植物学等领域都有比较深入的研究，他所展现出的近乎全能型的天赋使之成为文艺复兴时期理想型人格的化身。达·芬奇将他的解剖学知识运用到了绘画中，他的部分画作可以看作是跨界的作品。后者是意大利文艺复兴时期伟大的绘画家、雕塑家、建筑师和诗人，与拉斐尔和达·芬奇并称为文艺复兴后三杰，我们可以在其穹顶画《创世纪》的人物造型中看到创作者文艺复兴时期雕塑艺术最高峰代表的艺术造诣。

当代的艺术家安迪·沃霍尔（Andy Warhol）也是跨界的好手，通过绘画、印刷、摄影不同艺术类型间的跨越合作，大胆地尝试凸版印刷、橡皮、金箔技术、照片等各种大众艺术的表达形式，从而使他的作品更具有视觉冲击力而被人们所熟知，安迪·沃霍尔也因此被誉为“跨界设计”先驱。

（二）时装界中的跨界

1930年，皮特·蒙德里安（Piet Cornelies Mondrian）创作了《红、黄、蓝的构成》，用黑色线条将画布切分成几个大小不同的矩形，巧妙的分割与组合形成一个有节奏的动感画面，塑造出“冷抽象派”梦幻而现实的氛围。1965年，时装设计师伊夫·圣·洛朗以蒙德里安的《红、黄、蓝的构成》为灵感，创作了著名的“蒙德里安裙”。黑线加红、黄、蓝、白组成的四色方格纹，清新明快的色彩，简单但极富张力，在模特身上呈现出艺术与时装结合的奇妙效果，成为圣·洛朗的经典代表作。此后，蒙德里安的方格便成了时尚界的万能公式——迪奥（Dior）、普拉达（Prada）、芬迪（Fendi）等大牌纷纷从蒙德里安完美分割的色块中寻找灵感。

时装设计师蒂埃里·穆勒（Thierry Mugler）不仅在时装设计上展现才华，还将创作的激情延伸到其他艺术领域，其摄影才能与他的设计才能一样出众，1988年曾出版摄影集 *Thlerry Mugler Photograohe*。他还参与了时尚短片、广告的制作和创意设计。他常与歌剧、电影、音乐剧、演唱会合作，为它们做造型，设计戏服。蒂埃里·穆勒在2005年还为自己品牌下的“Alien”香水拍摄了首支广告短片。

2008 年，由布加迪（Bugatti）和爱马仕合作推出的 Bugatti Veyron Fbg Par Hermes 是一款限量版超级跑车，Fbg 代表着爱马仕巴黎总店福宝大道（Faubourg）的地址。这是继 1924 年，爱马仕与布加迪推出 Bugatti Type 35 年后，事隔 84 年两者再度联手的合作。

服装品牌路易·威登（Louis Vuitton）有很多跨界作品，比如与艺术家草间弥生（Yayoi Kusama）的合作，后者的有机重复图案都出现在路易威登的经典皮具、成衣、鞋履、配饰、腕表以及珠宝等整个系列上，将观者带入一个频闪的美妙世界，超越了原有的艺术形式界限；比如与村上隆（Murakami Takashi）的合作，村上隆将其钟爱的颜色以及樱花、蘑菇等多彩图案用于路易·威登的经典 Monogram 之上，给路易·威登注入了几许清新与活力，也因此提升了销售额，在艺术与生活之间建起了一座桥梁。

美籍台湾艺术家詹姆斯·简（James Jean）与普拉达（Prada）品牌合作推出 2018 年夏季旅游女装系列，多款合作款皮包与夏季女装在巴黎时装秀上首次亮相，詹姆斯·简以自己标志性的线体作品，将玉兔、花卉等中国元素与普拉达的服饰品进行了完美的结合。

二、典型范例——顾林与她的“衣画天工”

红凤凰设计工作室创建者、著名中式高级时装设计师顾林同时也是一位画家，她的画用评论家贾方舟的话来说：“以色彩取胜，常常是连泼带洒，激情洋溢，淋漓痛快。或流光溢彩，或浓艳欲滴，或在色彩的碰撞中飞溅四射，叮咚作响，予人一种情绪上的强烈感染。”[①] 凤凰在中国传统文化中是一种祥瑞的鸟，凤凰共有五种，《小学绀珠》卷十曰：“凤象者五，五色而赤者凤；黄者鵷鶵；青者鸾；紫者鸑鷟，白者鸿鹄。”由此可见，色彩的斑斓是凤凰的一大特色，而顾林的画作的一大特色恰恰在色彩的丰富与张力上，色彩的丰富使它们非常适合作为跨界作品的主题元素。比如以下三款由画作元素做的手机壳设计，选取了画作中色彩最为微妙的部分：第一幅中

① 顾林．云印：顾林绘画作品集［M］．北京：长城出版社，2016.

在各种明度的绿色中，加入纯白与乳白，深褐与浅褐（见图 5-4）；第二幅以鲜艳的橘红和紫红为主色调，加入在色相上强烈对比的草绿，并以灰蓝色进行线的分割（见图 5-5）；第三幅为大面积的深深浅浅的绿与小面积的白色的对比（见图 5-6）。这些微妙的色彩关系做成的手机壳充满了个性与视觉冲击力。

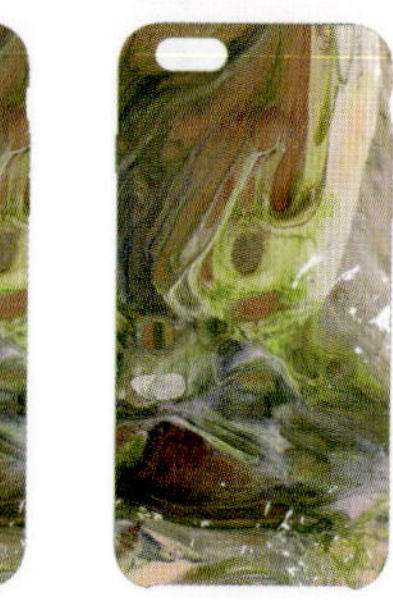

图 5-4　顾林跨界产品之一（手机壳）

图 5-5　顾林跨界产品之二（手机壳）

图 5-6　顾林跨界产品之三（手机壳）

以画作为元素所设计的丝巾产品各有特色：第一幅的元素来自画作“迹游”，进行明度与色调的微调后，强调了白色系所占的比重，像是拍案的惊涛，充满律动的节奏（见图 5-7）；第二幅的元素来自画作“一览众山小”，色彩、明度、纯度没有太多的变化，只是将长度进行缩放，并配了与主体色调协调而又有区分的黄色的边框，鲜活而灵动（见图 5-8）；第三幅的元素来自画作“灰白写意”，是作者绘画作品中为数不多的无彩色的范例，具有另一种含蓄内敛的格调（见图 5-9）。

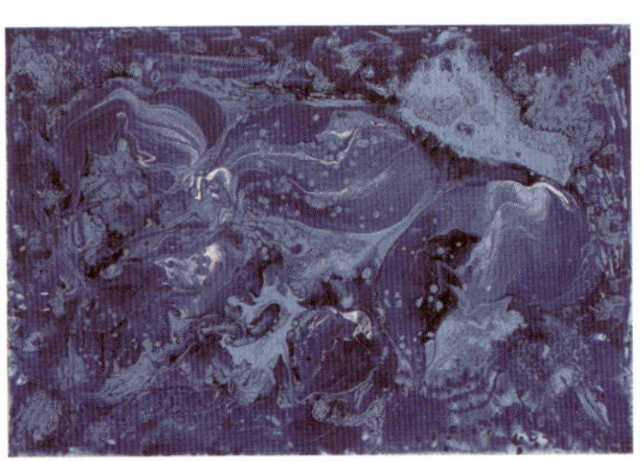

图 5-7　顾林跨界产品之四（丝巾）

图 5-8　顾林跨界产品之五（丝巾）

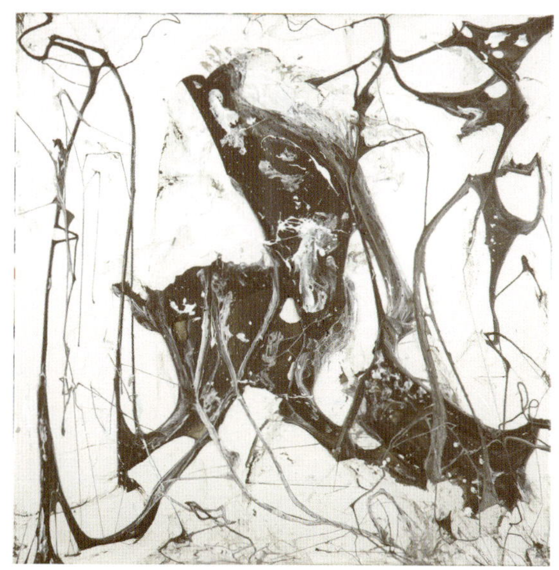

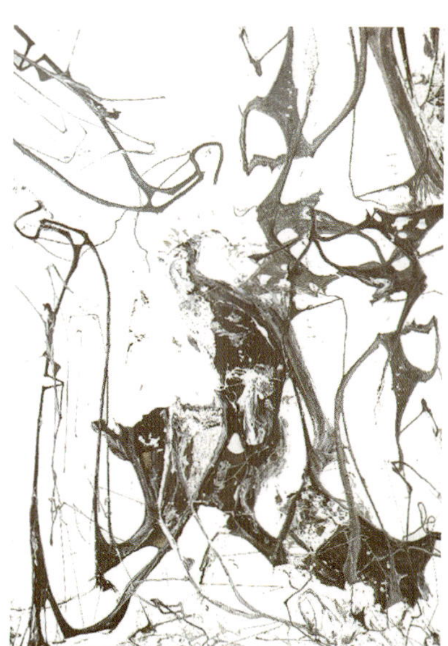

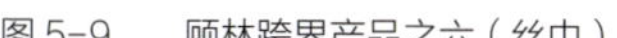

图 5-9　顾林跨界产品之六（丝巾）

顾林的画作元素当然也会用在服装上，图 5-10 的上衣提取了画作中的蓝色（群青）与白色，但将其进行了螺旋状的、有节奏的排列，还在领口和衣兜的位置设计了整块的群青（无白），起到了稳定与点睛的作用；图 5-11 的上衣采用了原画作中深浅不一的褐色调子，将其放置在进行不规则分割的黑白底色中，与衣服的款式与造型相协调，充满流动的感觉又很吸引眼球；图 5-12、图 5-13 的外套设计动感十足、年轻又充满活力，其中的图案元素来自作者的画作——《贝叶透清饭》——具有几许凉意几许禅味的绘画经过作者（也是设计者）的设计展现出不一样的视觉感受；图 5-14 至图 5-17 为两款瑜伽裤和两款鞋，提取了画作的色彩而将这些色彩元素设计到星空与太空的底色之上，空灵与寂静的感觉与瑜伽裤的功能相符合。

顾林的能带给观者视觉震撼的浓烈的色彩作品，体现出的是创作者数十年工作、生活的体悟与感触，也因为感受很深，对其进行再设计就仿佛信手拈来。正如独立策展人许力对顾林的评价："跨界是一件极具诱惑的事情，同时也伴随着极大的危险，跨过去是鱼越龙门式的焕然一新，稍有不慎即是误入险途的万劫不复。好在顾林的跨界如行云流水，让人丝毫察觉不到界限的存在，但又分明能感受到另一个不一样的世界。"跨界并不是那么容易的一件事情，对于顾林来说，它需要打通绘画与服饰、与其他生活衍生品之间的界限与藩篱，寻找其中的共同点，但同时又保持对它们之间不同之处的惊醒，去关照与体味。

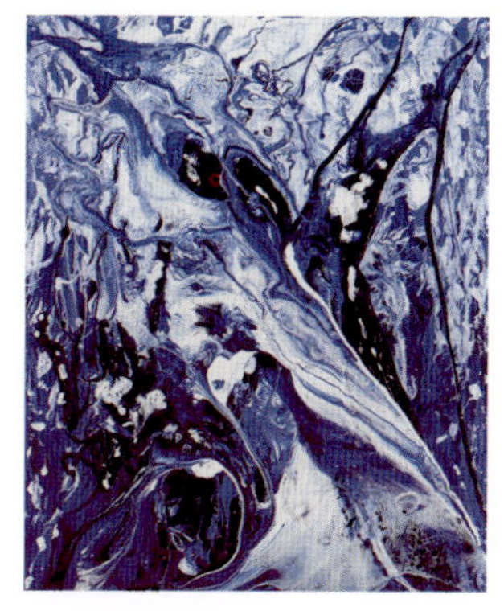

图 5-10　顾林跨界产品之七（上衣）

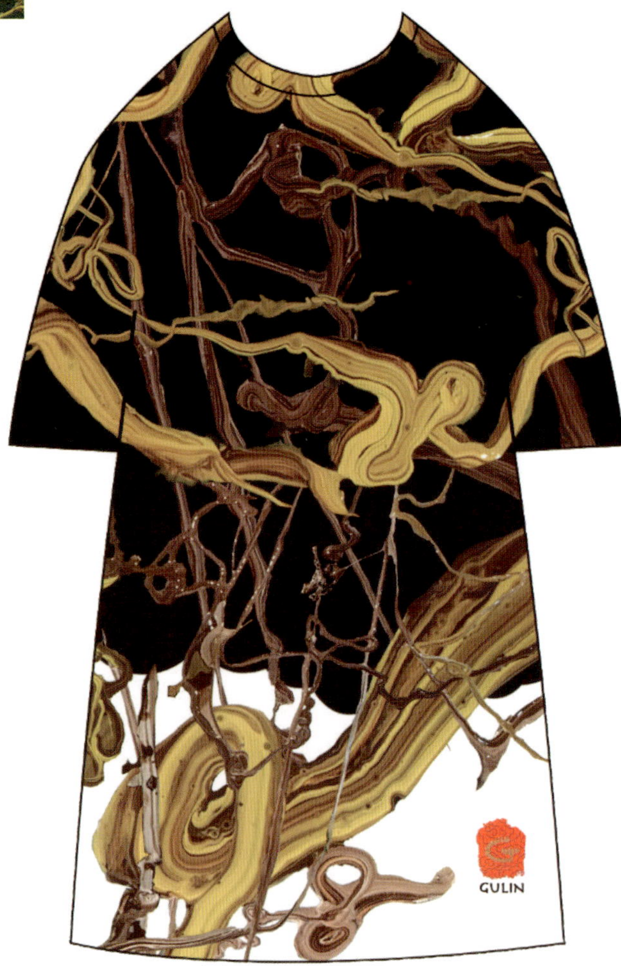

图 5-11　顾林跨界产品之八（上衣）

图 5-12 顾林跨界产品之九（外套）

图 5-13　顾林跨界产品之十（外套）

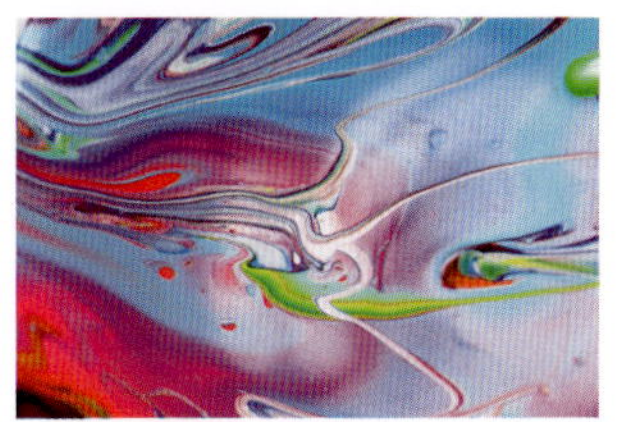

图 5-14　顾林跨界产品之十一（瑜伽裤）

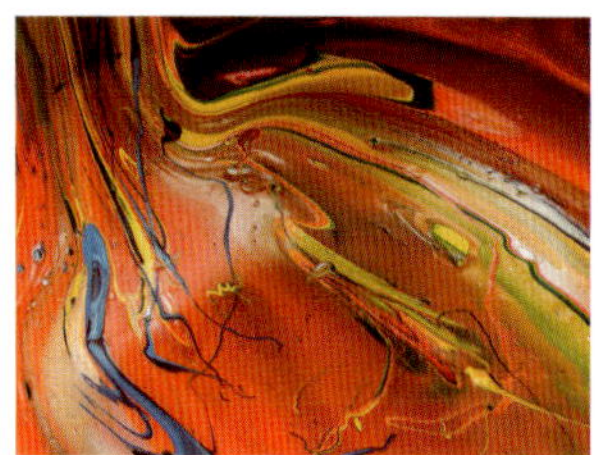

图 5-15　顾林跨界产品之十二（瑜伽裤）

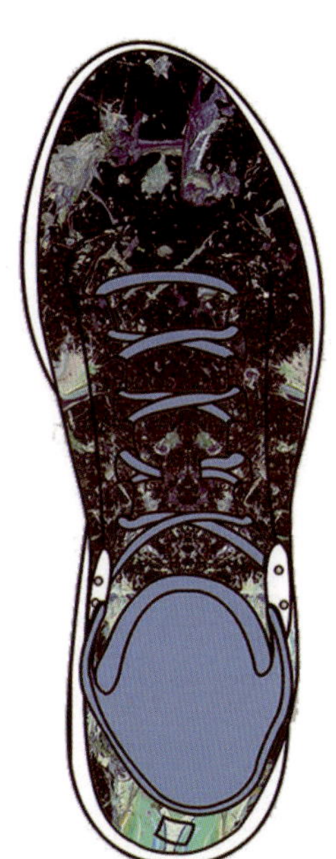

图 5-16　顾林跨界产品之十三（鞋）

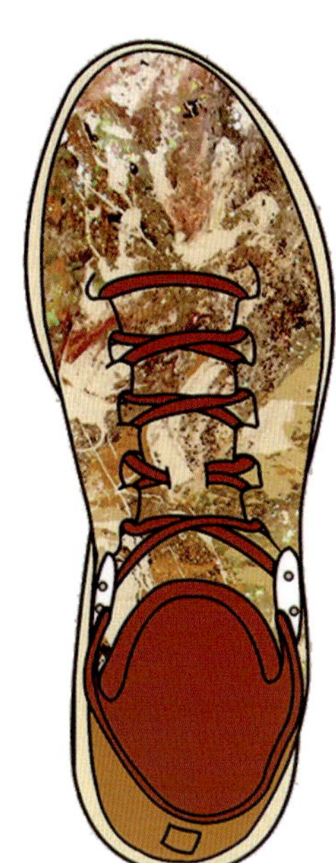

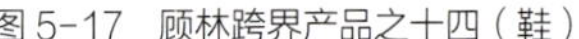

图 5-17　顾林跨界产品之十四（鞋）

第六章
服饰文化创意的形式研究
——设计师经典案例解读

本章列举了跨界设计师顾林、
高级定制设计师郭培
和优秀服装企业玛丝菲尔三个具体案例，
分别从跨界、
高级定制领域、
企业文化三个角度入手，
深入分析与探讨服装行业中文化创意的多种形式。

第一节　设计师、艺术家顾林案例

无论做什么，只要你努力了，享受过程的快乐并自在其中，这就好了，其他的一切也就不那么重要了。

——顾　林

顾林首先是作为设计师出现在公众面前的——顾林（见图6-1），北京红凤凰设计工作室创建者、著名中式高级时装设计师，其服装设计作品恰到好处地将中国传统文化的风韵与现代的时尚元素相融合。顾林的服装以高级定制为主线，舒适是其设计的第一要意，然后才是审美的需求，让“人穿衣”而不是“衣穿人”。

顾林又是一位充满艺术灵性、艺术激情、气质超然且具有很强的独立精神的艺术家。她的画作色彩斑斓，空灵中蕴藏着无穷的能量，表达了当今中国艺术家内心中对自由的状态、对自在的心境、对独特的个性的诠释，是艺术家对本人自我精神境界的一种追求与释放，体现了艺术家独特的艺术思想与修为。

图 6-1　设计师、艺术家顾林

一、设计师顾林

顾林作为设计师的生涯最早可以追溯到 1990 年，为电影《古今大战秦俑情》设计戏服中的帽子是她的第一次“触电”，随后其蓬勃而发的设计活力就一发不可收拾了：2003 年，为郭宝昌导演的《大宅门》中的蒋雯丽设计剧中服装；2004 年，为《花木兰》歌剧中的彭丽媛设计剧中服装；2004 年，为胡安导演《美人依旧》中的周迅、邬郡梅设计剧中服装；2004 年，应邀前往葡萄牙首都里斯本做首场“顾林”个人服装发布会，好评如潮，其作品被当地媒体视为“如梦幻般的动人，充满中国卓越文化的气息”“每件服装都似在讲述着一个动人的传说”。2005 年 4 月，赴葡萄牙做文化交流演出；2005 年 7 月，赴巴西做文化交流演出；2010 年，为总政歌舞团大型红色经典舞剧《铁道游击队》担任服装艺术指导；2017 年，在澳门回归 18 周年庆之际携手“丝韵春风”于澳门文化中心展示京绣服装；2017 年为中国首部心灵探索纪录电影《觉醒奇迹旅程》担任服装设计师（见图 6-2 和图 6-3）。

图 6-2　T 台上模特穿着顾林设计的衣服

图 6-3　顾林与穿着其服装的模特合影

2005年，北京电视台制作以东方时尚元素为题的专题片，向中外观众介绍了“红凤凰”的服装，在多国播放。2008年，北京奥运会开幕前，国家外宣办五洲传播中心专门向国外介绍中国设计师的电视纪录片中，对顾林进行了较详细的采访和报道。

作为设计师的顾林，她的眼睛明亮而澄澈，总能在第一时间敏锐地捕捉到她的顾客的气质特点，她认为“设计是生活状态的一种延续”，因此总能设计出最适合顾客本人的衣服。她的这种能力通过口口相传，吸引了越来越多的顾客。顾林的顾客涉及面很广，既有众多国家政要及外交使节夫人及其家人，如新加坡李光耀先生的儿媳、美国前总统克林顿夫人希拉里及女儿、日本前首相及夫人；也有演艺界导演，如郭宝昌、何平、李少红以及诸多影视歌明星，如陈宝国、那英、袁立、蒋雯丽、章子怡、刘嘉玲、刘若英、成龙、任贤齐、央金拉姆、田震、杨恭如、陈红、许晴、韩红、孙悦、孙楠、周迅、孙俪、小虫、杨丽萍、张火丁、杨二车娜姆、金星、章小惠等；此外，还有美国波音飞机中国总代理龙洁等社会名流。

顾林在国内外服装设计界都享有颇高的知名度，但“低调”是顾林的另一个代名词，在她眼中，设计师的任务简单而纯粹，就是为顾客（穿着者）设计出适合他（她）的衣裳，把衣裳做好才是最高准则。

顾林设计的礼服作品，如图6-4～图6-8所示。

图 6-4　顾林礼服设计之一

图 6-5　顾林礼服设计之二

图 6-6　顾林礼服设计之三

图 6-7　顾林礼服设计之四

图 6-8　顾林礼服设计之五

顾林设计的刺绣作品，如图 6-9 ~图 6-16 所示。

图 6-9　顾林刺绣作品之一（图片由品牌提供）

图 6-10　顾林刺绣作品之二

图 6-11　顾林刺绣作品之三

图 6-12　顾林刺绣作品之四

图 6-13　顾林刺绣作品之五

图 6-14　顾林刺绣作品之六

图 6-15　顾林刺绣作品之七

图 6-16　顾林刺绣作品之八

二、艺术家顾林

作为设计师的顾林做人做事都简单、纯粹而专一，但做了二十年的设计师后，对做衣服执著而专一的顾林发现自己又有了新的爱好——画画。

作为红凤凰设计工作室的灵魂人物，顾林对接待客户、设计、配色、配面料、试衣修改等诸多环节都尽量亲力亲为，同时管理着打版、制作、采购、公关等各个小组。她既是设计师也是管理者，千头万绪的工作使得每天的生活节奏都是高速运转的。随着顾林服饰口碑的口口相传，工作室的业务越来越多。直到有一天，她有一种要从这种异常忙碌的状态下抽离出来的想法，而能达到这种放松则需要另一种截然不同的载体。“画画！”——这个念头，也许是源于童年的另一个梦。想画就画，顾林拿出做服装设计师时的那种执行力，立刻就布置了一个画室，并准备好画具，开始了自己的绘画生涯，一画就是十多年。从此，结束了一整天忙碌的设计师工作后，画画则是她又一个艺术世界的开始。熟悉顾林的朋友都知道，无论白天的设计工作有多么繁重，公司的事务有多么烦琐，每天晚上 10 点，艺术家顾林一定会准时出现在画室中，走进艺术的世界。

顾林的绘画作品色彩斑斓，具有孩童眼中世界的丰富与美好，她绘画的题材不拘一格，《色色妙应》《象游一境》《坐忘晴烟》《须弥福境》《印色无寻》《无端水天》——从这些题目中我们就可以一窥画者的审美与思考，体现了“一花一世界、一叶一菩提”的悠悠境界。

作为艺术家的顾林不去刻意追求风格，唯愿博采众长，为其所养，朦胧画派的蒙昧、象征画派的传神、立体画派的雄浑、田园画派的淡远、古典画派的深沉、现代画派的飘逸以及浮世画派的亲民等，都能给她以养分，但又不是规范她艺术风格的固有模式。

顾林的画一般分为两大类：一类是具象的人物，多为女性，眉目淡然，神色平静，洒脱放逸，具有一种深沉、厚重的意象，使观者的心也能瞬间平静下来；另一类是抽象的景物，没有写实的形体，更没有浮华的尘世万物，多以色彩取胜，有的只是自然、随性而流动的色彩，激情畅快，予观者以情绪上的强烈感染。

欣赏顾林的创作，初看惊异于其童真之美——只有孩童才能够如此自在而随性；再看惊艳于缤纷色彩所汇聚出的独特能量，自信而果敢。其画作用色随性而敏感，光影律动的漩涡、相互叠合的肌理纹络，显现出层层堆叠的美感，使人忘俗，从而形成自己独特的画风。

在这类抽象的题材中，顾林尝试一种崭新的东方抽象风格，自然自在，形而无形，反而给了观者无限的遐想空间。尤为可贵的是她面对画布和颜料时，毫无拘束之感，当色彩和光影幻化成为一体，其意境也直抵灵魂的最深处。

顾林坚信“最高的技巧是无技巧”（巴金语），信马由缰、信手拈来，捕捉稍纵即逝的灵感、寻找跳跃的线条以及难以预期的画面节奏，形成一个风行水上，自然成纹的世界。她常说自己就是个弄光者，光色交流变化万端，画画时自己与画作完全融为一体，“手”即是“心”，我“手”画我“心”，对着她的画远看近观，于细节之中幻无量世界，于无形之中见万千形象。

自 2006 年，顾林逐渐进入绘画创作的高峰期，经过十数年笔耕不辍的辛勤的磨砺，顾林绘画的艺术水平不断得以提升，作品逐渐趋于具有热烈感情色彩的现代抽象画风格（见图 6–17、图 6–18 和图 6–19）。

图 6-17　顾林的画作（之一、之二）

图 6-18　顾林的画作（之三、之四）

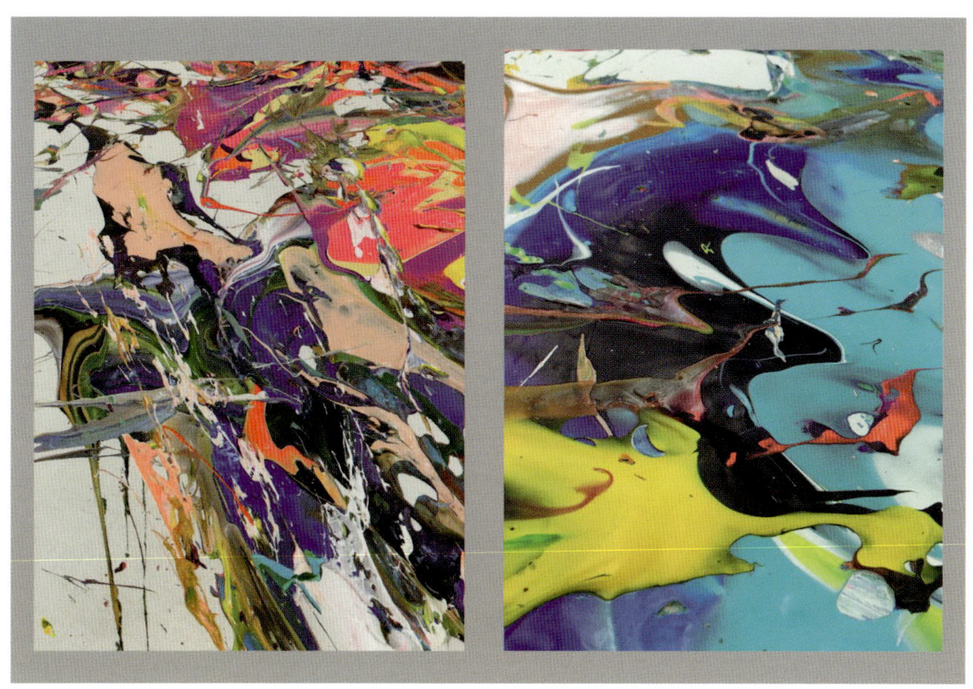

图 6-19　顾林的画作（之五、之六）

勤奋的耕耘结出了累累硕果，顾林的画得到了越来越多的人的喜爱并举办了多次画展：2012 年 10 月，《天心真纯——顾林画展》开幕（见图 6-20）。此次展出的画作以画面上被打碎的色彩为题，随其心手，自由组合，奔涌游走，无羁无绊，止于当下。其独特大胆、色彩缤纷、热烈洒脱、自由奔放的画作，散发着无我、真纯、自由之光的能量。虽然她无意识去控制自己画的是什么，但却感动着观者的心。其实她的画表达的是当下人们内心对自由、自我个性进行表达的愿望与期待。2016 年，参加马来西亚国际艺术博览会“中国国家展”中的坦博艺苑“心游大千”主题的专题展（见图 6-21）。除此之外，还有下文所述由时装与绘画的跨界而来的各种展览。

图 6-20 《天心真纯——顾林画展》作品（局部）

图 6-21　顾林与其画作的合影

三、界·无界

“界”的其中一个释义是事物的分界，比如，疆界，宋苏轼《申三省起请开湖六条状》：“湖上种菱人户，自来脔割葑地，如田塍状，以为疆界。”有了疆界也就有了分类，便于人们的辨别。但我们又熟知一个词，叫作大爱无疆——爱没有疆界的，同样，艺术、设计与美也没有疆界。21 世纪是一个日新月异、开放向前的时代，边界和对边界的划分已经不是可以用传统的概念去定义的了。服装业的创意与创新的范围日益扩大，愈加离不开外力的推进。

顾林对美的颖悟源于天性，面对顾客，她只需静静观察几分钟，就能够在心中“画”出最适合她们所着服装的蓝图；顾林对面料的直觉源于天性，什么样的面料适合做什么样的款式，什么样的面料适合那位客人，她心中都有数；顾林对色彩的爱源于天性，这，可以从她的服装设计作品中看到，对缤纷色彩的运用驾轻就熟——无论是临近色，甚至是对比色，都可以通过她的排列、组合、打散、重建，找到它们最美的搭配方式。

二十余年以“衣裳”作为载体向外界传达她对于美的认识与认知，二十余载以面料为“纸”、以针线为“笔”的“描画”早已让她深谙设计与艺术之间的通幽曲径。十年之前的一天，顾林觉得服饰这一载体已经不能完全释放自己对艺术、生活与生命的感悟，冥冥中似乎用一种力量让她决然地拿起画笔，去描摹她挚爱的色彩。一幅、二幅，十幅，二十幅，一百幅、两百幅……她沉溺其中，用可以比拟职业画家的热忱感情与敬业精神去创作，画出情感的激荡、画出心中的况味。

如果没有定制高级服装的经历，设计师顾林不一定会走上纯绘画的道路，可以说设计服装是她后来画画的一个契机；而同时，下班后这些私人的绘画时间，这一幅幅色彩绚烂的画作同时也给她的设计工作以养分，其中部分作品还被成功地运用到服饰设计以及服饰相关衍生品的设计中去。

服装与绘画属于不同门类，服装设计与艺术创作也有着它们之间的间隔，但美是共通的，在对于美的追寻中，有“界”亦即“无界”。

顾林认为绘画于她只是一种单纯的表达，服装设计也一样，所不同的是要考虑的要素更多一点，但两者都是顾林对“美”的追求与表达。正如她所说的：“形意随云说，禅闻知聚寂，芳屏水心处，色化观如似。”

顾林的绘画衍生品，如图 6-22 ~图 6-28 所示。

图 6-22 绘画衍生品之一

图 6-23　绘画衍生品之二

图 6-24　绘画衍生品之三

图 6-25　绘画衍生品之四

图 6-26　绘画衍生品之五

图 6-27　绘画衍生品之六

图 6-28　绘画衍生品之七

第二节　郭培与“玫瑰坊”案例

客人不满意的服装，一件都不能走出玫瑰坊的大门。

——郭　培

一、设计师简介

郭培，作为中国最早的高级定制服装设计师，从孩童时期就显示出她的艺术天赋，从小就喜欢自己动手做衣服。多年来，郭培为许多出席重要场合的人士制作为其量体打造的礼服，为春节联欢晚会的主持人们设计制作美丽的晚礼服，她也是许多演艺名人的御用服装师，是北京奥运会颁奖礼服的设计师。她连续三届荣获“国际服装服饰博览会”服装金奖，被日本《朝日新闻》评为“中国五佳设计师”之一。1998年与百福来时装公司合作参加国际服装服饰博览会，获最佳设计、最佳工艺等五项金奖一项银奖。除此之外，她还是外国媒体眼中了不起的中国服装设计师，更是中国高级定制梦工厂的掌门人，二十年来坚守着对于完美的追求。

郭培于1986年毕业于北京二轻工业学校服装设计专业，成为中国第一批服装设计专业的毕业生，从此走上她的时装设计之路。毕业后的郭培，在北京多家服装公司担任设计师，在为北京天马服装公司担任首席设计师之时，更为公司创造了39亿元的销售额，为天马晋升为中国十大服装品牌立下了汗马功劳。

1996年，郭培第一次举办了个人时装发布会“走进一九九七”，并于同年在东华大学举办了个人发布会。这之后，澳大利亚著名纪录片导演萨丽·英格顿要拍摄一部旨在展现当时中国时装业现状的纪录片《毛氏中山装》，郭培作为中国年轻设计师的代表出现在这部片子中。这部纪录片在世界的很多国家放映，成为西方了解中国时装界的一面镜子。同年，郭培的作品在澳大利亚博物馆展出并被收藏。

1997年，郭培荣登“中国十佳设计师”榜单，她的服装设计作品连续多届荣获“国际服装博览会”金奖。

郭培从业的第一个十年是她从踏入时装设计之门进行学习到在服装公司做设计的十年，“成衣”设计是她这十年的关键词，她在成衣设计上也取得了斐然的成绩。

二、一个“玫瑰”梦

郭培是一个有想法的设计师，她的成衣设计生涯顺风顺水，业绩良好，为公司创造了丰厚的利润。但郭培有着她的想法与遗憾——成衣设计意味着“市场”是检验她设计是否成功的唯一标准，因此势必被价格、材料、顾客等诸多因素所制约，即便是非常有才华的设计师，依然无法抛开以上的因素而完全按照自己的想法去设计。如何设计出更“美”更有“灵魂”的衣裳？如何能在更为广阔的空间里自由发挥？如何创造出具有独一无二的个性的服装而不是批量生产的衣服？如果要实现这些想法，那么就只指向一条路——高级定制。

郭培设计作品“黄皇后”，如图 6-29 所示。

图 6-29　郭培设计作品“黄皇后”

“高级定制”不同于批量化生产的成衣，它是在对顾客数次精准量体的基础上，针对目标顾客的形象、气质、穿着场合而专门设计、精致裁剪、纯手工制作的时装精品，更能体现设计师对美的理解与超凡的创造力。相对于成衣设计，可以较少地考虑成本因素而最大限度地追求完美的着装效果。高级定制在西方已有几十年的历史与积累，而在 20 世纪 90 年代中期的中国，这个概念无疑是陌生的，大部分的国人都没有听说过“高级定制”这个词。郭培为了实现更为自由的设计想法，等待着一个机会。有一天，有一位知名演员来找她做衣服，是一件量体裁衣的礼服。郭培非常开心，将全部的热情投入到这件衣服的制作中：细致的量体、反复推敲设计、能用到的最好的材料，她的努力程度甚至超出这位演员的期望值。完成后的礼服非常美丽，顾客很满意，问她价格，顾培说“你看着给吧”，顾客给了一个还不低的价格，但其实只是衣服成本价格的3成。郭培没有计较这些，她反而非常高兴，这是她所设计制作的第一件高级定制礼服，非常成功。这次的“赔本买卖”给了她信心，郭培开始朝着梦想出发。

玫瑰是郭培最喜欢的一种花，在它的身上，郭培看到的是美丽、馥郁、热烈、旺盛、雍容与高贵。1997年，郭培成立了她的高级定制梦工厂“玫瑰坊”，她希望自己的高级定制事业像玫瑰一样盛放。

郭培是中国影视演员最早接触的高级定制服装设计师，她的事业随着连续十年为央视《春节联欢晚会》主持人设计制作礼服、随着2008年北京奥运会颁奖礼服、随着章子怡圣火采集仪式上的礼服、随着2008年央视春节联欢晚会章子怡《天女散花》的粉色礼服而被大家熟知。

2006年中国国际时装周期间，郭培举办了“玫瑰坊·郭蓓2007”高级时装发布会。2007年中国国际时装周上，郭培接着推出名为“童梦奇缘”的高级时装发布会。

郭培将设计的服装不仅仅看作一件衣裳，它还是一件艺术品：“在798艺术区我的私人博物馆里，有一件大金色的衣服花费了我和我的团队五万多个小时。我至今也不舍得将它卖掉，这就是高级订制，在很多时候它是无价的、是用来欣赏的，因为在它身上记载了最珍贵的生活片段。”也是在这种理念的支撑下，郭培坚持将品质放在了赢得利润之前，这也为玫瑰坊赢得了众多的忠实客户。

郭培对手工艺在礼服上的运用非常重视，在2005年的第一场高级时装秀《轮回》中，她耗费5万小时的刺绣礼服《大金》作为压轴作品亮相秀场。这件礼服灵感来源于郭培在巴黎战争博物馆看到的一件拿破仑的战袍，其上金属丝缠绕刺绣技法让她觉得非常惊艳，回国后就和团队不断实验，完成了《大金》这个作品——28000颗人手钉绣的银扣、数千轴欧洲银线、重达200斤，体现了郭培钻研手工艺、呈现极致效果的心愿。

三、“中国嫁衣”与中式礼服之梦

玫瑰坊成立初期以及郭培所设计制作的早期的礼服大多遵循西方的高级服装理念，其造型也以西方的礼服造型为主，但在郭培的内心深处，植根于中国传统文化的中式礼服一直是她的一个设计梦想，而“中国嫁衣”这一主题则是这个梦想的出口。

“中国嫁衣”这一灵感源自一次偶然：一位香港婆婆带着她出嫁时曾穿着的一件传统中式婚礼嫁衣找郭培修改。这件嫁衣已有超过五十年的历史了，但其的精致与美丽在今天看来依然动人，这件嫁衣是婆婆的婆婆结婚时穿过的，如今要传给婆婆的儿媳了，而家族对新人的祝福随着这件古老的嫁衣传递了三代人。郭培一下就被这个故事以及这件嫁衣背后所代表的祝福所打动，于是有了设计“中国嫁衣”，让美丽的衣裳成为家族里爱与祝福的传递载体这样的设计理念。

郭培的这种想法一开始并没有得到身边朋友的赞同，他们都认为在西式婚纱盛行的今天，人们不会喜欢穿传统的嫁衣。郭培的看法则不同，她基于以下两点决定要推广“中国嫁衣”的概念：一是中国人结婚时没有自己传统嫁衣可以说是比较可悲的一件事，而服饰技艺及文化的传承并不是单靠博物馆和政府就能传承的，它需要活起来；二是只要在尊重传统元素的基础上把设计与工艺做好，人们自然会接受和喜爱这种美丽的衣裳。郭培认为：“无论用两万个小时，还是五万个小时去做的小金也好，大金也罢，或是那些在大都会博物馆呈现的高级服饰，都不如中式嫁衣带来的触动更深。”“中国嫁衣”是郭培将高级定制与中国传统文化相结合的一条新的出路，能使每个中国家庭都有一件用中国传统技艺制作的、可以传承的中式嫁衣，无疑拓宽了定制服饰的疆域（见图 6-30、图 6-31 和图 6-32）。

图 6-30 高定嫁衣系列之一
（图片由品牌提供）

图 6-31　高定嫁衣系列之二
（图片由品牌提供）

图 6-32　高定嫁衣系列之三
（图片由品牌提供）

在《中国新娘》系列里，刺绣承包了最大的亮点。牡丹象征富贵吉祥，龙凤寓意夫妻恩爱，兰草代表品性高洁，把对新人的祝福都凝结在丝丝缕缕之中。

四、秀场解读

（一）《庭院》

2016 年，郭培成为巴黎高级女装协会正式邀请的第一位中国设计师，其发布会《庭院》在巴黎美术学院发布，走上了巴黎高定周的舞台。

考虑到西方人的审美趋向，郭培在这次的作品没有坚持她以往浓墨重彩的设计风格，而是更加轻盈飘逸，在色彩上选取浅粉、淡蓝、浅灰、白等色调，甜美而高雅。在风格上，43 件作品延续了以往奢华的女王路线而又比以往更加浪漫飘逸，保留不变的是繁复的刺绣与复杂的图案，中国传统的凤纹样、中式的云肩、流苏、盘扣等元素淡淡诉说着作品所来自的古老国度。在众多淡雅的色调中开场的一套华美的金色长裙延续了郭培惯常的设计，造型比其他的作品更为夸张，刺绣的细节处理更为精致，高贵大气。

（二）《遇见》

2016/2017 秋冬郭培巴黎高定秀用“遇见”作为主题，用她 29 件作品讲述设计者对人生的感悟以及对梦想的坚持，她用自己独特的视角和设计理念来表达对现实与未来的思考。

这场秀延续了以往传统手工技艺的特色，以金线刺绣中国古典传说中的龙，分外耀目。此外，对紧跟科技发展的特殊面料的采用是此次秀的一大特色，营造出中西合璧的梦幻气息。《遇见》发布会还推出了郭培同名的鞋履设计系列，每款鞋子的高度都在 15 厘米以上，优美华丽，保持了郭培一贯的设计风格（见图 6-33）。

图 6-33 《遇见》发布会作品

此次的色彩与上一次发布会的有明显的不同，对比更为鲜明，如黑与金的搭配；色调更为浓郁，如热烈的红色与神秘的蓝色。压轴的晚礼服耗时 2 万多个小时，十几万个亮片和装饰物全为一针一线缝制而成。

（三）《传说》

2017 年 1 月，郭培在巴黎发布了 2017 春夏系列“传说”，这是“郭培”品牌第三次亮相巴黎高级定制时装周（见图 6-34）。

图 6-34 《传说》发布会作品

被要求关掉手机和闪光灯的秀场上，模特身着夜光礼服演绎法国传奇艳后玛丽·安托瓦内特（Marie-Antoinette）的形象，层层叠叠的蓬蓬裙造型与繁复的刺绣将历史上这位著名的王后传神地描摹出来。

在这场秀中我们可以看到欧洲的教堂、十字架与欧洲古代绘画元素，现代的 3D 打印技术也被运用到设计中，精致的金丝绣线绣成具有浮雕感的裙面。

闭场环节，美国高龄超模、气质独特的卡门·戴尔·奥利菲斯（Carmen Dell' Orefice）身着一件装饰着水晶的红色长袍压轴登场，充满女王风范。

（四）《极乐岛》

2018 春夏高定系列“极乐岛”以植物花卉为灵感，郭培及团队设计出几十种花卉贯穿整个系列，值得一提的是这些花卉中有很多是根据团队对远古的植物所做的深入研究而设计的，精致神秘、玲珑趣致。新颖的面料和源于自然的材质也是本系列的一大亮点（见图 6-35）。

图 6-35 《极乐岛》发布会作品

秀场顶部倒挂的生命树“生命之根”来自法国纸艺术家Charles的设计。在色彩上，以蓝色、白色与金色为主色调；在面料上，将金属、竹、藤、金箔等材质糅进面料中，赋予传统面料新的生命力。

以花卉、珠玉、钉珠、羽毛辅以精致的刺绣、繁复的皱褶将高级定制的富丽展现无遗。整个秀场是花的海洋，也是设计师的极乐岛、她的梦幻花园。

（五）《建筑》

2018年7月，郭培在巴黎建筑与遗产博物馆开始了她的第六次高定发布，这次的发布会以“建筑”为主题，将多元的建筑元素——如穹顶、圆窗、尖塔、栅栏等造型在服装上重现。如一件黑色礼服采用全镂空设计来表现古罗马斗兽场，用面料来重新解构空间。设计者郭培想在这个系列中表达她对建筑的思考与感悟，体悟记载了人类历史与故事的建筑的繁华与落寞（见图6-36）。

图 6-36 《建筑》发布会作品

第三节　玛丝菲尔与其企业文化案例

我们很有理想，我们把钱看得很淡。做中国最成功的品牌是“玛丝菲尔”全体员工的共同理想。

——朱崇恽

一、品牌故事与企业文化

（一）品牌故事

“玛丝菲尔”是一家致力于高端时尚品牌运营的服装企业，公司集设计、制造、销售、品牌运营于一体，旨在打造属于中国的民族品牌与国际品牌。时尚、唯美、精益求精、专业而贴心的服务是玛丝菲尔对自身的准确定位，经过二十多年的成长，成了中国具有独特品牌文化的时尚集团。

1993 年创立于深圳，其创始人及企业掌舵人是朱崇恽。朱崇恽是玛丝菲尔的董事长兼首席设计师。这个白手起家的女企业家是理工科出身，但对服装设计非常热爱，于是就在 20 世纪

90 年代初踏入深圳时萌发创立一个服装名牌的想法。朱崇恽在二十多年前实践了这个想法，创建了“法兰特”品牌，之后易名为“恩情”，最后就成为现在的“玛丝菲尔”。 经过多年的努力，“玛丝菲尔”品牌在中国 106 个城市、意大利、新加坡等国开设了 700 多家门店，有海内外员工 6000 多人，形成了一个庞大的时装帝国。

（二）企业文化

如果分析玛丝菲尔的企业文化，其关键词应该由以下几个词组成：健康、感恩、务实。

健康与阳光是玛丝菲尔企业文化中重要的一环。玛丝菲尔的创始人朱崇恽说：“我们很有理想，我们把钱看得很淡。做中国最成功的品牌是‘玛丝菲尔’全体员工的共同理想。”企业的经营、企业的管理、团队的建设、品牌的发展都应该是健康的，面对成功的心态也应该是健康的。在如此健康的环境下，员工自然是充满阳关与活力的。“玛丝菲尔”对员工的要求也是如此，健康的工作、健康的生活，这是保障企业健康有效发展的基石。

在最初创立时装公司的时候，朱崇恽给公司取名“法兰特”——“法兰特”在英语中是“朋友”一词的谐音。朱崇恽对此解释说在公司创办之初那些最艰难的时期，是朋友们无私的支持与帮助使她渡过难关。大约过了三年，企业改名为“恩情”，即深圳市恩情投资发展有限公司，而这个名字体现了朱崇恽的一些感悟：在公司创立的这些年中，放弃优薪的员工、还没收到货款就爽快发货的供应商以及那些忠实的客户们，都是公司和她应该真诚感谢的对象。而在这种感恩的企业文化中，回馈就成为一件很自然的事情——“玛丝菲尔”的店面有两条不成文的规矩：①如果店员认为顾客的选择不理想，就一定如实告诉对方，并为顾客做更好的搭配的建议；②不管衣服穿了多久，只要顾客提出修改要求，就要一如既往地进行热情的服务。朱崇恽希望“玛丝菲尔”永远都保持一颗感恩的心。

在玛丝菲尔的企业文化中，要实现自己的理想就需要务实苦干的精神，需要认认真真做事、实实在在做人。

二、品牌风格与经营理念

（一）品牌风格

玛丝菲尔女装的设计旨在突出女性独有的气质，简约而不简单，适合具有一定时尚品位的女性穿着。优雅、大气、经典、时尚，既能体现国际最新时尚潮流，又适合目标顾客群亚洲女性的体型特征与审美品位。

玛丝菲尔女装的目标顾客群是 25 ~ 55 岁。因为顾客群的年龄跨度很大，所以在服装外在的造型与内部的结构上非常用心，通过版型与不同的型号使不同年龄层的女性穿着舒适，穿着效果美丽。

玛丝菲尔女装产品种类多样，包括衬衫、外套、大衣、裤装、裙子、针织衫、披肩、围巾、丝巾、包、鞋与相关挂件。这些服饰品大多都可以进行自由搭配，体现了品牌对消费者的关爱。在面料的选择上，坚持使用丝、棉、羊毛等天然材质的面料以给予穿着者舒适的穿着感受。

虽然目标顾客人群中针对了不同的年龄层，但摒弃繁杂的装饰元素是其设计的重要原则之一，因此更为设计增加了难度，比如，紧跟时尚流行的脉搏与保持不变的经典与永恒之间的拿捏。玛丝菲尔基本在两者之间找到了一个平衡点。使穿着者不仅能够展现身体含蓄的曲线美，还能传达出穿着者的知性美以及良好的审美品位。

（二）经营理念

玛丝菲尔重视市场，有其独特的经营理念。曾有一种说法是玛丝菲尔女装是深圳女装中唯一可以同商场谈条件的品牌，这背后体现了玛丝菲尔对市场与经营的重视：比如，只要条件允许，玛丝菲尔一般都会争取商场里最好的店面位置；有了更好的装修方案，他们会毫不犹豫地抛弃原有方案，即便已经为此花费了巨资；比如，他们非常重视自营店的发展，自营店的销售额占销售总额的 80%——自营店的比重大可以保证准确地把企业文化、品牌文化传递给消费者。

玛丝菲尔重视目标顾客群。在玛丝菲尔的认知中，只有国人才更了解中国消费者的需求，因此他们的设计团队成员没有引进国外设计人才。也因为对目标顾客群非常了解，玛丝菲尔女装的定位非常精准，使之不仅可以在一线城市立足，还能在二三线城市扎根并锁定稳定的目标顾客群。其店铺涉及北京、重庆、福建省、甘肃省、广东省、广西、贵州省、海南省、河北省、黑龙江省、河南省、湖北省、湖南省、内蒙古、江苏省、江西省、吉林省、辽宁省、宁夏、青海省、陕西省、山东省、上海、山西省、四川省、天津、西藏、新疆、云南省、浙江省等省、市和地区。

在销售上，玛丝菲尔的不打折销售与众不同。品牌服装过季后的打折几乎是服装行业的“惯例”，消费者也对此习以为常。但玛丝菲尔却坚持“两年之内不打折，两年之后不上柜”。这种销售策略在短期内自然是会对品牌的销售额产生一定的影响，但它保障了品牌的价值与含金量，提升了消费者与目标顾客群的品牌忠诚度，从长远来看，利于企业的长期发展。公司的主力品牌“Marisfrolg”在中国主要大中城市商场开设专柜、专卖店 300 多家，有 2100 位员工，每年销售时装超过 50 万件，营业额近 10 亿元，每年向国家缴纳税金近 1.24 亿元，企业年盈利达 3 亿元，是中国本土高档女装品牌中声誉最卓著的品牌机构之一。

三、玛丝菲尔品牌线

玛丝菲尔在经营上有一个重要的特点就是它清晰的定位，这个定位既包括对整个企业所针对的目标顾客群的定位，也包括在此总体定位之下的品牌细分。针对不同的顾客群，玛丝菲尔公司旗下拥有以下六个品牌[1]，涉及主导品牌、年轻副牌、设计师品牌、设计师集合店等。

（一）Marisfrolg

Marisfrolg 成立于 1993 年，是玛丝菲尔时尚集团的主力品牌，迄今已有 25 年历史。从创立之初，Marisfrolg 就以简约、优雅、纯粹的设计风格，精益求精的工匠精神和专业而贴心的服务理念，执著地追求着品牌的梦想。历经 20 多年的沉淀与积累，Marisfrolg 终于成为中国卓越的女装时尚品牌。

（二）Marisfrolg. SU

Marisfrolg.SU 成立于 2005 年，是专为年轻一族推出的更为年轻、更具活力的品牌线。Marisfrolg.SU 从街头文化和当代艺术中汲取灵感，将对美好生活的向往和个性表达的追求融入当下的都市生活中，以当代新锐的方式，演绎 Marisfrolg.SU 年轻女性快乐、真实、自由、活力与率性的生活姿态；通过明快丰富的色彩、趣味时髦的设计和颇具创意的搭配与细节修饰，塑造简单纯粹、随性摩登的时髦形象。

（三）ZHUCHONGYUN

ZHUCHONGYUN 成立于 2013 年，是玛丝菲尔时尚集团具有国际影响力的个人设计师品牌，由玛丝菲尔时尚集团创始人朱崇恽女士亲自主持，希望通过她的创作，阐释与分享对时尚、生活、艺术与美的感悟。ZHUCHONGYUN 是目前中国个人设计师品牌中率先进入国际阵营的品牌。

（四）AUM

AUM 成立于 2013 年，是玛丝菲尔时尚集团重点打造的设计师品牌。年轻而富有才华的新锐设计师黄耿华是近年来中国服装行业涌现的具有代表性的新生代力量，“A-U-M” 代表大自然的

① 品牌线资料来源为玛丝菲尔官方资料。

声音，注重当下新都市女性回归自然本真的生活的美学理念。

（五）Krizia

总部设在米兰的 Krizia 品牌拥有 60 多年的历史，前卫艺术的设计理念在国际上受到各界名流的青睐。创始人 Mariuccia Mandelli 女士在意大利时尚发展史上有着崇高的地位，2014 年作为 Mandelli 女士亲自选定的接班人：朱崇恽，接棒 Krizia 品牌，开始了 Krizia 的新纪元。从此，Krizia 品牌成为玛丝菲尔时尚集团国际化的重要平台。

（六）MDC

MDC 成立于 2016 年，全称是“玛丝菲尔设计师集合店”。MDC 是玛丝菲尔时尚集团为了繁荣中国的时尚产业，专门为年轻设计师搭建的一个发展平台，通过集团在资金、渠道、供应链和管理上的强大优势，让中国的年轻设计师有一个可以施展才华的舞台，也为中国时尚界挖掘更多的个人设计师品牌创造更多可能性。

主要参考文献

［1］陈博宇．文化创意产业基本概念辨析［J］．福建教育学院学报，2013（4）：42–45.

［2］丹纳．艺术哲学［M］．北京：人民文学出版社，1961：393.

［3］邓琼．对服装面料创意设计的探讨［J］．智库时代，2017（5）：49–50.

［4］丁钢，梁劲，惠红．创意内涵研究［J］．重庆理工大学学报（社会科学），2010（24）：77–80.

［5］冯泽民,刘海清．中西服装发展史（第2版）［M］．北京：中国纺织出版社，2012：308.

［6］顾林．云印：顾林绘画作品集［M］．北京：长城出版社，2016.

［7］管彦波．文化与艺术:中国少数民族头饰文化研究［M］．北京：中国经济出版社，2002：17.

［8］郭莲．文化的定义与综述［J］．中共中央党校学报，2002，6（1）：115–118.

［9］华梅，周梦．服装概论［M］．北京：中国纺织出版社，2009.

［10］华梅．东方服饰研究［M］．北京：商务印书馆，2018：37.

［11］华梅．服饰与中国文化［M］．北京：人民出版社，2001：36.

［12］黄兴涛．晚清民初现代“文明”和“文化”概念的形成及其历史实践［J］．近代史研究，2006（6）：1–34.

［13］金元浦．当代世界创意产业的概念及其特征［J］．电影艺术，2006（3）：4–10.

［14］雷蒙·威廉斯．文化与社会［M］．高晓玲，译．北京：北京大学出版社，1991：18–19.

［15］李明燕．刍议服装科技与服装创意设计［J］．美与时代（上），2012（5）：106–108.

［16］林剑．创意的基本内涵及其延伸研究述评［J］．开发研究，2015，179（4）：67–70.

［17］凌继尧，张晓刚．论中国服装产业的设计创意与创新［J］．创意与设计，2014（1）：8–16.

［18］刘媛．科技条件下服装立体裁剪与平面裁剪的交融［J］．现代经济信息，2017（15）：382.

［19］吕越．时装艺术·设计［M］．北京：中国纺织出版社，2016.

［20］诺埃尔·帕洛莫·乐文斯基．世界上最具影响力的服装设计师［M］．周梦，郑姗姗，译．北京：中国纺织出版社，2014：76.

［21］潘襎．世界名画家全集·莫里斯［M］．北京：文化艺术出版社，2009：30.

［22］普兰温·科斯格拉芙．时装生活史［M］．尤靖遥，张莹，郑晓利，译．东方出版中心，2006：227.

［23］汪东．服装设计创意思维研究［J］．绥化学院学报，2016，36（6）：92–94.

［24］王受之．世界时装史［M］．北京：中国青年出版社，

2002：24.

［25］王仲士．马克思的文化概念［J］．清华大学学报（哲学社会科学版），1997（12）：20–26.

［26］王筑生，杨慧．人类学的文化概念与人类学理论的发展［J］．广西民族学院学报（哲学社会科学版），1998（4）：25–32.

［27］韦森．文化与秩序［M］．上海：上海人民出版社，2003：8–10.

［28］杨道圣．时尚的历程［M］．北京：北京大学出版社，2013：192.

［29］余玉霞．西方服装文化解读［M］．北京：中国纺织出版社，2012：165.

［30］袁仄，张海容．时空交汇：传统与发展［M］．北京：中国纺织出版社，2001：56.

［31］珍妮弗·克雷克．时装的面貌［M］．舒允中，译．北京：中央编译出版社，2000：284.

［32］中国民族服饰博物馆．中国苗族服饰研究［M］．北京：民族出版社，2004：124.

［33］中国社会科学院语言研究所词典编辑室．现代汉语词典（第7版）［M］．北京：商务印书馆，2017.

［34］中华人民共和国国家统计局.2017中国统计年鉴［M］．北京：中国统计出版社，2017.

［35］朱迪斯·沃斯．亚历山大·麦昆［M］．邓悦现，译．重庆：重庆大学出版社，2018：17–18.

后记

接到"'文化创意+'服饰业融合发展"书稿的邀约，于我都有些事发突然，在和"'文化创意+'传统产业融合发展研究系列丛书"主编、编辑以及其他分册的撰写老师的讨论会中，我逐渐感受到梳理文化创意对服饰业融合发展的重大意义。

服饰业的文化创意以服饰相关的创意策划为核心，通过设计、策划、销售与技术的革新，将服饰与其背后的文化转换为商品与服务的价值链，实现产品的增值与行业的加速发展。

"文化创意"虽然是一个现代的概念，但对于服饰的创意却贯穿了整个服装发展的历史："创意"是推动服饰业向前发展的重要力量之一，"创意"是推动服饰外观与内涵不断变化的重要动力之一，"创意"也是未来服饰业发展的一个重要方向。

大到全局的发展上，文化创意对于服饰业有着宏观的决策意义，它能够对服饰业的产业升级与可持续发展提供方向上的引导；小到具体的设计上，文化创意也可以为服装的款式设计、产品细部设计等微观问题提供不同的思路。

对于服饰业而言，文化创意可以提升产品内涵、增加产品价值、拓展市场疆域、打破行业壁垒。本书从基础概念、历史借鉴、灵感源泉、构成因素、创意训练、行业发展和案例解读等几个层面入手，探讨文化创意如何为服饰业的发展注入新鲜活力以及如何助力服装品牌文化内涵与商业价值的提升。

今时今日，文化创意对于服饰业的发展更是具有举足轻重的作用。因此，给了我完成这本书的动力，而这本书如果对于行业的发展具有抛砖引玉的点滴的促进作用，余愿已足。

红凤凰服装工作室助理设计师沈久仲在本书的写作过程中，从事了资料收集与整理工作，在此向他表示感谢！

2019 年 3 月